我有弱德之美，但我不是弱者。

弄花香满衣

叶嘉莹传

桑妮 著

中国 友谊出版公司

图书在版编目（CIP）数据

弄花香满衣：叶嘉莹传 / 桑妮著. -- 北京：中国友谊出版公司，2025.1. -- ISBN 978-7-5057-5897-1

Ⅰ．K837.115.6

中国国家版本馆CIP数据核字第2024Y7Z045号

书名	弄花香满衣：叶嘉莹传
作者	桑 妮
出版	中国友谊出版公司
发行	中国友谊出版公司
经销	北京时代华语国际传媒股份有限公司　010-83670231
印刷	唐山富达印务有限公司
规格	880毫米×1230毫米　32开 8印张　190千字
版次	2025年1月第1版
印次	2025年1月第1次印刷
书号	ISBN 978-7-5057-5897-1
定价	58.00元
地址	北京市朝阳区西坝河南里17号楼
邮编	100028
电话	（010）64678009

目录 contents

倾谈一　家世·煊赫世家

002　叶赫那拉氏
008　察院胡同 23 号
016　时有伯父大人
022　吾有温良母亲

倾谈二　年少·花草满庭

032　学与诗
039　书与词
044　心茫茫
049　生与莲

倾谈三　从师·顾随先生

056　初识恩师
062　师泽如山
068　与师唱和
080　衣钵传承

倾谈四　离乱·岁时漫漫

086　所谓爱情
091　匆匆南下
097　四处飘零
104　盛大救赎

倾谈五　光阴·栖息台大

114　有缘台大
118　静农先生
124　弟弟学生
131　教学钻研

倾谈六　沧海·异国漂泊

- 138　初到哈佛
- 143　又到密歇根
- 149　再回哈佛
- 155　辗转温哥华
- 162　欧洲行游
- 170　还乡探亲

倾谈七　归来·树蕙滋兰

- 178　痛别爱女
- 184　乘诗归来
- 188　结缘南开
- 195　树蕙滋兰
- 199　薪火相传

倾谈八　诗教·掬水月在手

- 206　诗意人生
- 211　定居南开
- 216　诗教之莲心
- 221　诗心如水

尾篇　诗词·慰平生　225

叶嘉莹生平大事年谱　231

我有一个梦，我的梦是什么？

　　我在等待，等待因为我的讲解而有一粒种子留在你的心里。多少年之后，等着这一粒种子有一天会发芽，会长叶，会开花，会结果——"千春犹待发华滋"。

——叶嘉莹

倾谈一 家世·煊赫世家

荷花初绽的时日,叶嘉莹出生在北平一座深深庭院之中。

叶赫那拉氏

1

1924年7月。荷花初绽的时日，叶嘉莹出生在北平一座深深庭院之中。

这一处深深庭院，名曰"察院胡同23号"，为叶家一族的祖宅。

溯源可知，叶家是蒙古裔满族人，本姓叶赫那拉。

"那拉"，又写为那喇、纳喇、纳兰。明代时，生息于吉林长白山麓松江平原一带的"那拉"部族共有四个，即叶赫那拉、乌拉那拉、哈达那拉、辉发那拉，他们原皆是女真族之后裔，时称"海西女真"。

不过，时年蒙古族土默特人的一支部族东征，将其中一"那拉"部族占据，并以之为族姓。明正德年间，首领祝孔革又率领子民们继续南下，定居于叶赫河畔（今吉林省四平市境内）。就此，族人便以河水命名，即"叶赫那拉"。

叶赫，乃"巨大"之意；那拉，则为"太阳"之意。二者相加，即取"大太阳"之意。

清朝灭亡后，叶嘉莹祖父一辈被要求改汉姓。故而，取祖居地"叶赫"首字，改为"叶"姓。

叶嘉莹一家，亦就此姓了叶。

有着如是渊源的叶赫那拉氏，是煊赫的。

隔着数百年的光影，拨云抹雾，可看见无数显赫一时的佼佼人物。

比如，"可兴天下，可亡天下"的绝代佳人"叶赫老女"；比如，庄敬聪慧，端庄贤德，十四岁嫁给努尔哈赤的孝慈高皇后；比如，清康熙朝重臣，起家蓝翎侍卫的纳兰明珠；比如，文武双全，情圣之中的情圣纳兰容若；以及，传奇太后慈禧……

叶家，亦是煊赫的。

在北平城，叶家隶属镶黄旗。

叶嘉莹曾祖父叶联魁，于清咸丰同治时期做到了佐领（二品武官）；祖父叶中兴，乃清光绪年间的进士、工部员外郎；伯父叶廷乂，留学日本早稻田大学，好诗词、联语，后精研医术，乃成名医；父亲叶廷元，毕业于北京大学英文系，任职于民国政府航空署。

如是叶家，到叶嘉莹这一代，门第横匾上还镌刻有"进士第"三个大字。黑底金字之下，显示的是曾经的熠熠家声。

那一年，泛着荷花香气的季节里，叶嘉莹就出生在这所庭院的东厢房。

不过于叶嘉莹而言，关于东厢房的记忆所剩无几。

她只记得西厢房。曾经，她于《叶嘉莹作品集》的序言中，写自己出生于西厢房，后来是堂兄纠正了她。原来，那时她家和伯父家是轮流住东厢房、西厢房的。

房子，只是居住。成长，才是最入心扉的。

此际，叶家庭院里，除了叶嘉莹家，还居住着祖父及伯父一家。

在这个家族中，还保留有许多满人之习俗。

譬如：伯父、父亲，皆仍称呼祖父为阿玛；孙辈们称呼祖母不能叫奶奶，要叫太太。

规矩亦多，屈膝礼，保有；请安，亦保有。

在家里，每个人都要行屈膝礼，男人屈左膝，女人屈双膝。

每个人回家第一件事，就是要到祖父祖母的房间去请安。叶嘉莹听家里人言，母亲婚后第一次去给祖父祖母请安，因为没有化妆，而被祖母狠狠地教训了一顿，说怎么不化妆，这是给谁穿孝呢。自此，母亲每天回家的第一件事，就是回自己的房间化好妆，再去给祖母他们请安。

祖母的吩咐，母亲和伯母处处听从。

比如，那时祖母年岁大，于是每天晚上就让伯母、母亲给她念书听，什么时候祖母说可以了，歇着去吧，伯母和母亲才敢离开。

那时的儿媳妇在婆婆面前是没有座位的，伯母和母亲全程都是站着给祖母念书的。

或许，正是母亲、伯母身上的这种妇女之德，投射在叶嘉莹幼小心灵之中，才有了叶嘉莹后来的"弱德之美"吧！

叶家，亦是重视教育的，不论男女。

小孩子，从小就要接受严苛的教育。即便是女子也要如此，因为她们生下来就有可能被选进宫里去。

顺理成章，小小的叶嘉莹亦接受了很严苛的教育，诗词歌赋、四书五经，皆要好好去学。

那时的她，无论是居于东厢房，还是居于西厢房，都不重要了。重要的是，她于此祖屋，被诗词歌赋所浸润。

小小孩童的她，读了李白的《长干行》："妾发初覆额，折花门前剧。郎骑竹马来，绕床弄青梅。同居长干里，两小无嫌猜，十四为君妇，羞颜未尝开。"背《论语》《孟子》《中庸》《千字文》等。

虽不懂古意，却于潜移默化之中受益终身。

生于斯，长于斯。她这个流淌着叶赫那拉氏血脉的人儿，终成长为诗意萦绕的人。

2

居于京城一隅的叶家，没有重门深掩朱门，没有帘幕低垂的奢靡，没有那一抹子浓稠化不开的奢逸风光。

隔着一百多年的岁月，拨云抹雾，我们所见的，是一所静雅的庭院，蕴含着浓浓诗词意境的美好。满庭院之中，洋溢着的皆是岁月静好。

那个年代中国大地上发生着翻天覆地的变化，历史舞台上，上演的是与叶家诗词意境完全相悖的局面。

不过，历史洪流之中，哪一家不是微尘？哪怕得一时静好，亦是赚了的。

彼时，流淌着叶赫那拉氏血液的叶家庭院，竟然是安静的，是可以听得到蝉鸣声、蟋蟀轻叫声的。

除却这些，就是孩子们琅琅的读书声了。

只是，每日置身于诗词歌赋之中的小小叶嘉莹，尚未知在他们叶赫那拉氏一族里，曾出过一位声名赫赫的大词人。即被王国维誉为"清代词人第一人"的纳兰性德。

多年后，她曾于《论纳兰性德词》长文中，附上了自己写的关于和纳兰性德渊源的小诗，其云：

我与纳兰同里籍，更同卧子共生辰。
偶对遗编闲评跋，敢言异世有扬云。

大词人虽生于富贵，却满身哀感，悲情一生；虽身为八旗子弟行于仕途，却一生为情所困。

风华正茂之际，他在郁郁寡欢中匆匆离世，留于世间的是一片痴念悲情的诗词的海——

人生若只如初见，何事秋风悲画扇。

一生一代一双人，争教两处销魂。

急雪乍翻香阁絮，轻风吹到胆瓶梅，心字已成灰。

从此伤春伤别，黄昏只对梨花。

凭仗丹青重省识，盈盈，一片伤心画不成。

与纳兰性德同一姓氏、同一祖先，叶嘉莹与其一般，皆对中华古典诗词着迷；后来，她亦若纳兰一般，将一生追求蕴匿于诗词之中。

只是我们不知，叶嘉莹一生的波澜诗意，是不是就此成了她人生历尽坎坷而光辉丰美的注脚！

察院胡同 23 号

1

察院胡同 23 号，是一处位于北京西城的四合院。

这处四合院，是叶嘉莹曾祖父所购置。

四合院大门处，除了悬挂着"进士第"的门匾外，还有两个小型石狮子静守两侧。

大门的外边，设有一个门洞。

下了门洞外的石阶，左角边放置有一块上马石，上马石的左边则是一个车门。

大门的里面，亦设有一个门洞。

入门洞隔着一方小院，可见一面磨砖的影壁墙，其中央刻有"水心堂叶"四字。其渊源来自宋朝一叶姓学者，名曰叶适，号水心，研究医学，而祖父和伯父皆学过中医，故而用了其堂号。

从影壁墙左转下三层台阶，可见一个长条形的外院。

外院左边是一排五间南房，三间为客房，两间为书房；外院右边，即内院的院墙了。中间有个垂花门，上两层台阶，就可进入。门内一片方形的石台，从石台两侧走下去，就是内院了。

内院设有北房五间。

东西厢房各三间，北房两侧亦各有一个小角门。西角门内，小院之中有两间杂物房；东角门外，有一条通往另一个小门的过道，小门外就是一个长条形的东跨院，南头直通车门洞，北头则是厨房和下房。从此过道往左拐，是一条窄路，这条窄路就是通往后院的路。

后院本是后花园，因各种缘由，移了花木盖了房，供亲友所住。

她的祖父不喜挖地种花种草，故而整个四合院的院子皆铺上了砖。

但是，旧时京城士族之家的生动写照亦是有的。

所谓"天棚鱼缸石榴树，先生肥狗胖丫头"，映射于叶家庭院之中便是：夏天，会搭起天棚遮阳；院中始终摆放着大荷花缸，养荷花，亦养金鱼；还有几盆石榴树。

此预示着生活衣食无忧，自得其乐。

祖父也没能免俗。

当年，祖父和祖母，住在五间北房内。

三间东厢房，三间西厢房，则是叶嘉莹的伯父、父亲轮流来住，祖父规定他们两家各住三年。

叶嘉莹出生在东厢房。

她刚一出生，祖母就去世了；过了四五年，祖父也去世了。

大约在她记事时，他们家就搬到了西厢房。待祖父去世后，伯父伯母搬到了北房，东厢房就此成为伯父给人看病的诊所。叶嘉莹他们一家,也就在西厢房长住了下来。

总的来说,叶嘉莹是在西厢房长大的。

关于故居,叶嘉莹的脑海里,全然是西厢房的记忆。

她记忆中的西厢房,一进门就是一个厅堂,她和父母、弟弟们一起在这里吃饭,父母亦在此处喝茶、会客。

记忆,是绵长而美好的。

此时,他们住的庭院里,不再是方砖满地,而是花草满院。

祖父去世后,院里不准挖地种草种花的禁令自然解除。爱花草的伯母和母亲,一起在庭院里开辟出两处花池,一处在北房前,一处在西厢房窗下。

花池内,种满了四季应时的花草。

除此外,垂花门边上的内院墙下,亦被她们种下了爬山虎、牵牛花。

母亲甚至还在墙角两侧,种植了一棵柳树、一棵枣树。

这样的庭院是有温度的,更是符合诗意的。

花池满芬芳时,引得蜜蜂、蝴蝶群来飞舞、奔忙。叶嘉莹就此诗意生,创作了收录诗集中的第一首诗,即《秋蝶》:

几度惊飞欲起难,晚风翻怯舞衣单。

三秋一觉庄生梦,满地新霜月乍寒。

秋日黄昏,花池边,蝶儿被凉意深锁,再难飞舞起来。

见此,小小的叶嘉莹想起看过的庄周梦蝶的故事,于是疑问这飞不起来的蝴蝶,是不是就是梦醒了的庄周。

诗意新颖。

由此,小小叶嘉莹在诗意满满的庭院里满蕴了诗意。

一年秋,院子里的花草凋零了,只有她从同学那儿移来的那丛竹子青翠。于是,她感念于心而创作了一首七绝小诗:

记得年时花满庭,枝梢时见度流萤。
而今花落萤飞尽,忍向西风独自青。

——《对窗前秋竹有感》

又一年初夏,院子里的榴花、枣花盛放,于是,她又创作一首七绝小诗:

一庭榴火太披猖,布谷声中艾叶长。
初夏心情无可说,隔帘唯爱枣花香。

——《初夏杂咏四绝之一》

一个夏日黄昏,雨后初霁,她站于西窗竹林前,看到东房屋脊染上一抹落日余晖,而东房背后碧蓝晴空中隐约着半轮初升的月影。她就此创作一首《浣溪沙》小令:

屋脊模糊一角黄,晚晴天气爱斜阳,低飞紫燕入雕梁。
翠袖单寒人倚竹,碧天沉静月窥墙,此时心绪最茫茫。

察院胡同23号庭院之中,窗前的秋竹,阶下的黄菊,花间的粉蝶、蜜蜂,墙角边的吟蛩……皆构筑了一个独她的、诗意的世界。

011

此后经年，亦给她以安慰和力量！

2

关于那时节的叶家庭院，几十年后，著名的民俗学家邓云乡，有文如是写：

一进院子就感到的那种宁静、安详、闲适的气氛，到现在一闭上眼仍可浮现在我面前，一种特殊的京华风俗感受。
…………
佣人引我到东屋，……（东屋）两明一暗，临窗横放着一个大写字书案，桌后是大夫座位，桌边一个方凳，是病人坐了给大夫把脉的。
屋中无人，我是来改方子的，安静地等着。
一会儿大夫由北屋打帘子出来，掀竹帘进入东屋，向我笑了一下。要过方子，坐在案边拿起毛笔改方子……
头上戴着一个黑纱瓜皮帽盔，身着本色横罗旧长衫，一位和善的老人，坐在书案边，映着洁无纤尘的明亮玻璃窗和窗外的日影，静静的院落……这本身就是一幅弥漫着词的意境的画面……
女词家的意境，想来就是在这样的气氛中熏陶形成的。
——邓云乡《女词家及其故居》（《光明日报》1994年2月14日）

那时应是七七事变之前。

彼时，邓云乡的母亲生病，他便常常请叶嘉莹的伯父看病。有时伯父到他家中，有时他也会来叶家送药方，对于察院胡同23号，他是熟稔于心的。

但是，他和叶嘉莹当时并没有交集。

真正有交集，已是数十年后了。他们相识于北京的一次诗词聚会，聊起来，他方才知晓自己当年找的叶大夫即叶嘉莹的伯父。

相隔半个世纪之后，他用笔墨细细还原了那时叶家的诗意庭院。

诚如他于文中回忆的那般，旧时叶家的古典诗词之氛围，于潜移默化之中深深影响了叶嘉莹的一生。

她的知识生命，她的感情生命，皆于这里孕育。

她那么痴爱诗词，并一生从事古典诗词之研究和教学，亦渊源于此吧！

可是2003年8月，这里被拆迁了。

从此，察院胡同23号被夷为平地，从北京城消失。

当年，致力于古都建筑文化遗产保护的华新民，曾给她写就一封公开信：

一封公开信——写给远在加拿大的叶嘉莹教授

叶嘉莹教授：

刚才，他们过来了，开着铲车，把您近两百年的家和您的邻院一起撞倒了。那张着大口的锋利的铲斗，把一堵堵的墙抓起来，又摔到地上。还有高大的红门，被撞飞到半空。还有邻院那棵粗壮的核桃树，喀嚓喀嚓地响着，撅折了。只半天的工夫，那里就只剩下一地的碎砖。铲车开走之后,几位农民工立刻凑了过去,希望能侥幸捡到几块完整的砖瓦,不少是刻着图案的,拿去卖钱。

他们推平了您的家——察院胡同23号,一个在去年就被列在保护名单上的清代老宅,一座承载着数代人情感和心血的四合院,一个被上千场风雨侵蚀过的令人感动不已的古迹,一个国际上享有盛名的学者在北京的根。

几个月前,……您曾经对我说:他们答应我不拆这座老宅,我请求将它开辟成一座宣扬中国文化的博物馆,在当中给我留间小屋,每次回国时住住就可以了。然而,23号院已经在顷刻间清除光了。您连那一间希望"借住"的小屋也没有了。

…………

我知道读到这封信的时候您会难过,但您迟早会知道所发生的事情,所以就写了。在去年的那几个月里,我经常安慰和鼓励您。但现在是别人来安慰我了,因为我哭了。

我感到悲哀,不单是为了您的祖宅——北京西城区察院胡同23号。

面对察院胡同23号的消失,华新民的悲伤尚且如此,叶嘉莹的悲伤更是不言而喻的。

察院胡同23号,于她而言是唯一的归属之地,这里有她一生都视之为珍宝的记忆,她的出生、她的成长、她的亲人、她的美好时光……皆若花绽放,始终在她心尖,是如净土一般的存在。

她是一直想保存下这所故居的。

曾经旅居海外多年的她,回国后参观过江西庐山的白鹿洞书院。

在四合院的小房子里，有学生居住的地方，亦有讲课的地方，甚是幽静美好。于是，她就生了梦想，梦想以自己的余年余力，将自己的故居建成一所书院式的中国古典诗词研究所。

为此，她做出了极大的努力。然而，故居最终仍没能免于拆除。

她自己亦说："我所惋惜的，还不仅只是这一所庭院而已，我所惋惜的乃是这一所庭院当年所曾培育出的一种中国诗词中的美好的意境。"

我们何尝不是如此。

这座历经一个半世纪风雨沧桑的四合院老宅，成了她的故都残梦，亦成了我们的遗憾。

我们再也寻不到一处如此"庭院深深深几许"的诗意之处。

于她更是如此。

她再也寻不到她的家了——可以栖息她的心灵的，真正意义上的家！

时有伯父大人

1

伯父,讳廷乂,字狷卿,生于光绪十一年(1885年)。

于小小的叶嘉莹而言,伯父是个最重要的人。

父亲,因工作常年在外,而疼爱她的伯父便自然而然地担负起对她的诸多教养来。

多年后,叶嘉莹还回忆了关于伯父的点滴。

在她眼中,伯父是王国维一般的大人物。

他们皆于早年间留学日本,一个是因父亲有病而归国,一个是因自己有病而归国;归国后皆对当时政治现状感到失望。

归国后,伯父也似王国维那般留着长辫子。

每天,他都让妻子给他梳辫子。

平日里,在家他就将辫子放下来;出诊、出门的时候,他才将其盘到头顶,再戴上一顶帽子。戴得最多的帽子是一顶黑色的风帽,这是因为那时的北平风沙比较多,也比较大。

伯父因祖父病了，而由日本归来。

回来后，他曾于浙江等地任秘书、科长等职。然世道混乱，政坛一片晦暗，他遂辞仕家居，而后开始潜心精研岐黄。

有着深厚古典文化修养的伯父对中医颇得心法。不多年他即以中医名世。

伯父不仅医术高明，医德亦好。

彼时，有许多疑难病人来找他看病。他看病的脉房中挂了很多幅字画，其中不乏对他医术医德赞誉的，譬如："道貌尊青主，而今见叶台，起家长白外，遁迹软红中。松柏凌寒节，参苓造化功，阳和真有脚，小草被春风。"

那时伯父行医，一般上午在家出门诊，下午则坐上包月的人力车去出诊。

空闲的时候，他就会跟小小叶嘉莹聊天，聊诗词，也聊掌故。

对于聪慧的叶嘉莹，他是喜爱有加的。曾经他想过要将自己的医术教授予叶嘉莹。可惜那时的叶嘉莹学业太忙了，再后来她又远嫁他乡，故而始终未能教成。说来于他应是个不小的遗憾。

毕竟，文学功底深厚的叶嘉莹，是最适合亦最能体悟到中医的博大精深的。

后来，叶嘉莹大弟的媳妇儿想跟他学医，他是拒教的。

因为学习中医绝不是一件容易的事情，不是心想就可达到的。不仅需要有很深的古典文化底蕴，还需要有过人的体悟。

若是不具备这些，即便学了也难脱教条。

学成后开方会教条，用药会生硬，这对于病人，可谓灾难。将自己医术如此教人，亦是对病人的不负责任。

于是，他不怕得罪人，也就没教。

伯父是平和的、淡泊的；自然于叶嘉莹的心中是重的、无可替代的。她感念有如此伯父，在她的成长过程中出现，且给她以指引。

2

当年，叶家的家规是严苛的。女孩子需要接受教育，但是不可轻易外出。所以，小时的叶嘉莹是被关在深深庭院之中的。

足不出户，诗词歌赋便成了最好的陪伴。空闲了与她聊诗词、聊掌故的伯父，便成了她古典文学的启蒙老师。

六七岁的时候，叶嘉莹开蒙。彼时，请做老师的是姨母，来家教授她和大弟。

大弟读的是《三字经》，而她读的则是《论语》。至于诗词歌赋，则来自与伯父聊诗词的潜移默化。

伯父从没正儿八经地教授叶嘉莹诗词歌赋，而是引导。

在正式开蒙之前，她即可以背诵不少唐诗宋词了，这自然是与伯父的引导分不开的。曾经，在他们家的长辈中间有这样一则关于她的笑谈：

一次，家中来了亲友，大家就逗弄她背诵首诗。于是，她随口背诵起李白的"八月蝴蝶黄，双飞西园草。感此伤妾心，坐愁红颜老"

诗句来。瞬时，大伙儿哄堂大笑起来，忍不住逗她道："你才有几岁啊，怎就'坐愁红颜老'了。"

可见，她在很小的时候，就喜随口吟唱诗词了。

喜爱吟诵诗词，亦跟爱吟诵诗词的伯父有着分不开的关系。

曾经，叶嘉莹翻阅《唐诗三百首》，翻到王之涣的《登鹳雀楼》，读到"白日依山尽，黄河入海流。欲穷千里目，更上一层楼"，她想起父亲曾经吟诵过类似的诗句。每到京城飘雪之时，父亲常会吟诵一首五言绝句："大雪满天地，胡为仗剑游？欲谈心里事，同上酒家楼。"

带着疑问，她去请教了伯父。

伯父耐心地给她讲道，虽两首诗同为五言绝句，于声调韵字上亦颇多相似之处，然而，这两首诗的意境却是截然不同的。

"大雪"诗，写的是内心里的感慨之意。

"白日"诗，抒写的则是视野之广远开阔。

两首诗，无论意境还是情感皆是不同的。这样的讲解，对叶嘉莹而言确实是受益匪浅的，不仅启发了她日后对学诗的热爱，亦启发了她对诗的体悟。

除却诗词，伯父与她聊的掌故，亦对她影响颇深。

古典文学修养极深的伯父，熟知许多诗人、词人的掌故，闲暇时光，他就将这些讲给叶嘉莹听。

有那么一次，伯父和她聊起清代词人陈维崧。

伯父应很欣赏他，不仅跟她聊起他的词，亦跟她聊起他的掌故。他告诉她，陈维崧别号"迦陵"，写了很多很多的词，是中国词人里写词最多的。

019

继而，他还聊起清代词人郭麐，言说他之别号为"频伽"，与"迦陵"合一起曰"迦陵频伽"。

佛经里，有一种鸟即叫"迦陵频伽"，是一种共命鸟。

当时，幼小的她听来只觉得好玩。

然而，这掌故仍镌刻在了她的内心深处。大学时，她跟随顾随先生学诗词，顾随先生让她给自己起个别号，好将她的习作拿去发表，她当即想起了这个掌故。

她给自己起了"迦陵"二字的别号。

许是缘分，"迦陵"与她的名字"嘉莹"读音近似。

后来，身在异国的叶嘉莹，曾遇到过一位印度学者。该学者告诉她，很多佛经里都会讲到"迦陵频伽"这种鸟。

再后来，叶嘉莹查到《正法念处经》里如是写下的句子：

山谷旷野，多有迦陵频伽，出妙声音，若天若人，紧那罗等无能及者。

一切仿佛有冥冥之中的注定。

当下，叶嘉莹用一首首诗词的妙音传唱于世间，且无有及者。

不过，爱吟诵、爱聊诗词的伯父很少写诗。

关于他的诗词，叶嘉莹很少见过。她见过最多的，是伯父写的对联。亲戚朋友中，若谁过生日、结婚，他都会写一副贺联。

写过之后，他还常拿给叶嘉莹看，且与她畅聊对联的种种。

过年时，叶嘉莹会骑自行车出门给长辈们拜年。于是，伯父便吩咐她要仔细地去看哪一家的对联比较好，然后回来说与他听。

不过，那时的叶家是不贴春联的。

缘由我们不得而知，不过，伯父是要新春试笔的。大年初一那天，伯父会拿起一张纸，启用一支崭新的毛笔，写就一副对联，且多是用这一年的干支来作一个嵌字联。

叶嘉莹仅记住一首伯父写的诗。

那是1948年她南下结婚时，伯父赠予她的一首五言诗。题曰《送侄女嘉莹南下结婚》，有句如是云：

"有女慧而文，聊以慰迟暮。前日婿书来，招之使南去。婚嫁须及时，此理本早喻。顾念耿耿心，翻觉多奇妒。明珠今我攘，涸辙余枯鲋。"

这页诗笺曾被她细细珍重保存。谁知，却在她婚后赴台之次年，因遭受白色恐怖而丢失了。

随之丢失的，还有关于伯父的消息。

因时局所限，台湾和大陆隔的是不可逾越的天涯。

此一去，归来已是二十六年后。

而彼时，伯父早已不在人世。

就此，伯父如故居一般，成了她心底深深攥紧的记忆。

吾有温良母亲

1

叶嘉莹的母亲,名李玉洁,生于光绪二十四年(1898年),起初的人生并不平顺。

很小的时候,母亲的双亲就不幸去世了。不得已,母亲和小她两岁的妹妹,一起去了叔叔家生活。谁知不久,叔叔的妻子在生下儿子后也不幸去世了。母亲的姑姑便像个男人一般承担起照顾他们的责任。

还好,在如此不幸的命运面前,他们三个没有母亲的孩子,皆接受了很好的教育,一个个学识颇深。成年后,旧学深厚的母亲和小她两岁的妹妹,即叶嘉莹的姨母,皆从事了教育工作。

母亲与父亲的相识,是因媒妁之言。彼时旧俗仍在,男女授受不亲,双方还不能在结婚前见面。父亲为了提早一窥母亲真容,刻意到了母亲教书的学校。

那是一所女子职业学校,父亲假借参观,到了母亲授课的课堂。

据说,这一坐就是一个钟头。

当天,母亲回家很不高兴,跟外婆(外公续弦的那一位)唠叨说,有一个莫名其妙的人,在自己的课堂上听了一个小时的课。

后来,母亲凤冠霞帔,嫁给了父亲。就此她和父亲一起建造了一个温暖的家。

婚后,母亲上过短时间的班,在桑蚕女子学校教书。
后来她辞了职,专心相夫理家。
她之境况,是时年许多女子之境状:即便饱读诗书,亦是免不了回归家庭、相夫教子的。

母亲温良淳厚,又不失干练。
初进叶家时,叶家家境还很好,有门房,有厨子,还有打扫卫生的女工。家务自是不用她做的。
不久,祖母去世。
祖父又娶一个姨太太来服侍自己。谁知,姨太太没待多久就跑掉了。这之后,照顾祖父的担子就落在了母亲和伯母的身上。
她将祖父照顾得体贴入微。

再之后,祖父也去世了。家境亦随之败落。
家里辞去了厨子、门房,仅留一个帮做饭、打扫的女工。
父亲常年在外,伯父便担起了照顾一大家子的责任,管理祖父留下的一些房产,将所得收入用以两家公用。

不似伯母那般不苟言笑,母亲是随和的,亦肯帮助人的;对家里的佣人亦好,还会跟他们一起聊家常。

那时年纪小,叶嘉莹只记得他们聊一些义和团、红灯照的故事。

不过,于小小的叶嘉莹而言,这样的氛围是暖煦的,始终有光照射进心底。

如是母亲,有生岁月之中,亦给叶嘉莹以榜样,于潜移默化里让女儿一生始终待人温和良善。

2

叶嘉莹作为第一个孩子,自是得到了母亲很多的宠爱。

有天夜里,他们几个小孩子都睡下了。突然,睡梦中的叶嘉莹说了声"我的铅笔还没有削呢",说完,就又睡着了。

当时,母亲还没有睡下。于是,黑更半夜里,母亲就把她所有的铅笔都给削好了,装了满满一铅笔盒。

此后多年,叶嘉莹还深刻地记得这份暖意。

受过旧式教育的母亲,希望叶嘉莹成长为一个贤良淑德的女子。她教导女儿要什么都学会。

譬如女红。尽管中学时,叶嘉莹所上的女校是有家事课的,叶嘉莹亦是烹饪、缝纫、绣花、钩花、织毛衣皆学过的,但是母亲仍觉得学这些是不够的。

她说女孩子光会绣花、织毛衣还不够,还要学会做衣服。

彼时,大街小巷的女子穿的皆是旗袍。

于是母亲提议她学会做旗袍。

做旗袍确实是不容易的,可以说是最难的一种,尤其是旗袍上那个斜大襟。

不过这难不倒聪慧的母亲,她自有办法化难为简。

那时,他们家里没有缝纫机,需要手工来缝制。不怕,这些母亲都会。于是,她耐下心性一点一点细心地教叶嘉莹。很快,她就将缝制旗袍必用到的倒扣针、明针暗缝、撬贴边等基本针法教会了。

再之后,她还教会了叶嘉莹盘扣,且是琵琶花、蝴蝶花、葫芦花的花样。

后来,叶嘉莹真的给自己做了件旗袍穿在身上。

母亲对叶嘉莹的教育是方方面面的。除了技能,还有外在的仪表培养。

她自己是一个相当重视仪表的人,出门必拾掇得很整洁,头发不能有丝毫蓬乱,对于孩子们的仪表自然亦是十分重视的。

那时,每年叶家会给家族中辈分最高的长辈做寿。搭席棚,请厨子,挂帐幕,请戏班,还有许多亲朋好友都来聚,甚是热闹。

这一天,母亲必定将他们几个小孩打扮得干净得体。

过生日,叶嘉莹会得一件款式新颖的新衣,洋式的,绸面的,或滚以荷叶边,或缀以蕾丝。因为叶嘉莹的生日在六月,天渐渐暖起来了,衣服也越发轻薄,绸面的布料最是适合。

天冷了,母亲就会买来那种粗的毛线,请外边会织毛衣的人给孩子们织暖和的外套。

给叶嘉莹织的款式肯定是最吸睛的,毕竟是女孩子。

叶嘉莹记得最深刻的是一件浅驼色的毛织外套,边上缀以红色毛线织成的花纹，还配以一顶白色的帽子，缀以红色毛线织的花边。

当时，她穿着去学校，瞬间就成了众人的焦点。

而母亲最得意的时刻，是在亲戚朋友们聚会时，听到外人夸赞自己的孩子。她会一张笑脸绽放若花，笑意盈盈。

叶嘉莹尽管对物质要求很低，但她身上却始终有种"贵族气质"，凡在公开场合露面，必定是端庄得体的。

拍《掬水月在手》时，她还有一头浓密的发，导演以为她戴了假发。随着时间的流逝，她的头发虽然灰白，却一直保持着优雅的弧度。原来，她每天都会用发卷器，洗发后扣上发卷，用吹风机吹定型。

制片人沈祎看到了与之前想象的不太一样的日常生活中的叶嘉莹。"不论何时出现在我们面前，她都穿戴齐备，特别优雅。穿什么样的衣服，搭配什么样的丝巾和眼镜，有她自己的主意，很注重细节。"

诗人痖弦在《穿裙子的士》里说，他年轻时有一次在台北远东电影院看电影，中场休息的时候，无意中看到不远处的走廊上站着一位女子，她穿着米黄色的风衣，围着淡咖啡色的丝巾，"衣着合身，颜色也搭配得非常淡雅"，望之如"空谷幽兰"，神情则"意暖神寒"。这个形象给痖弦留下了难以磨灭的深刻印象。几十年后见到叶嘉莹本人，他才确认那晚在电影院看见的女子就是她。

如此说来，穿着始终得体大方，举手投足皆见优雅知性，跟母亲对叶嘉莹的家庭教育是分不开的。

3

在叶嘉莹的家族之中,女性不是"无才便是德"的代言。

她们皆有能力追求自己喜欢的东西,祖母如此,伯母如此,母亲亦如此。她们皆在叶嘉莹的成长过程中,给予她潜移默化的重要影响。

尤其是母亲。

在电视节目《鲁豫有约》中,叶嘉莹自己就曾坦言从母亲身上学到了很多,这对她以后的成长影响很大。

母亲除了学识深厚,还颇有远见和谋略。

那时,父亲任职于航空署,常年在外,家里里里外外的事务就全落在了母亲的肩上。她很有头脑,打理得井然有序。

父亲寄回家的钱,除去生活所用,她都存了起来。

之后,她就用这些钱请来人,于西直门东新开胡同设计盖了五座小四合院。每座四合院规划合理,有七间房子,三间北房、两间西房。

她的计划是,等以后老了,她和父亲一起住一座,叶嘉莹姐弟三人每人住一座,还有一座给娘家母亲住。

可惜的是,房子还没盖好,抗日战争就爆发了。

后来,北平沦陷,房子被日本鬼子所霸占。尽管叶嘉莹她们一家一天都没有住过,但解放后,姨母家当时在密云的房产被分,带着家人回城里的姨母,以及叶嘉莹的续外婆,就住到了当年盖的房子里,避免了无处可去的悲伤局面。

如是看,母亲确实有远见。

乱世之中，不如意事太多。父亲自七七事变之后，随国民政府从上海南迁大后方，就断了音讯。

母亲自是最煎熬的那一个，人渐渐在牵挂之中抑郁成疾。而此际，他们一家生活艰苦。

家里一个佣人也没有了，伯父也和他们分开了，所有的家事都成了母亲一个人的事情。而她的身体，越发不好，常常流鼻血，例假也没有了。但彼时医疗落后，她根本不知道患的什么病。

伯父虽然是中医，也给她开了些药方，她吃了些中药，然而一点都不见好。

无奈，伯父告诉母亲，中医治不好，应该去看西医。

母亲决定去天津一家外国人开的医院。

那时，叶嘉莹考上了辅仁大学，刚刚入学不久，没有办法陪伴母亲一起去。她是说要陪母亲去的，可是母亲坚决不许，说她刚刚大学开学。

陪伴母亲去的是舅舅。

度过了两天煎熬等待的日子，叶嘉莹接到的却是舅舅报来坏消息的电话。

舅舅说，母亲的开刀情况很不好。

照此情况，母亲理当在医院好好治疗，可是她却坚决要回来。

舅舅只好陪着母亲连夜坐火车回北平。然而，母亲却没能回到家，在火车上去世了。舅舅接受不了这个现实，抵京后抱着最后一丝希望，将母亲送到了北平的一家西医医院。可是，已经无力回天。

母亲是真的无法抢救了。

于叶嘉莹而言,母亲猝然去世,是一种不能承受的悲怆。

从此,这世间再没有母亲,她悲痛欲绝。她数十天闭门不出,写下《哭母诗》八首,字字句句如滴血:

其一
噩耗传来心乍惊,泪枯无语暗吞声。
早知一别成千古,悔不当初伴母行。

其二
瞻依犹是旧容颜,唤母千回总不还。
凄绝临棺无一语,漫将修短破天悭。

其三
重阳节后欲寒天,送母西行过玉泉。
黄叶满山坟草白,秋风万里感啼鹃。

其四
叶已随风别故枝,我于凋落更何辞。
窗前雨滴梧桐碎,独对寒灯哭母时。

其五
飒飒西风冷穗帷,小窗竹影月凄其。
空余旧物思言笑,几度凝眸双泪垂。

其六
本是明珠掌上身,于今憔悴委泥尘。
凄凉莫怨无人问,剪纸招魂诉母亲。

其七
年年辛苦为儿忙,刀尺声中夜漏长。
多少春晖游子恨,不堪重展旧衣裳。

其八
寒屏独倚夜深时,数断更筹恨转痴。
诗句吟成千点泪,重泉何处达亲知。

数十年过去,但听钉子敲棺木的响声,她还悲痛难抑。

倾谈二　年少·花草满庭

于绿槐、枣花香的庭院之中，她有自己的快乐。

学与诗

1

十岁之前,叶嘉莹是被关在四合院里的。

严苛的旗人家教下,女孩子即使再被宠爱,也是不允许外出去玩的。故而小时的叶嘉莹,没能像别的女孩子那般,玩过荡秋千、抓子儿、踢毽子的小游戏。

不过,生性好静的叶嘉莹并不觉被束缚。

于绿槐、枣花香的庭院之中,她有自己的快乐。

很小的时候,在花香馥郁的庭院里,父亲就教她认方块字了,彼时叫作认字号。

博学的父亲,字写得特别好,他用毛笔在一寸见方的黄表纸上将字写出来。若是有字读多音的,他会用朱笔按四声分别标画上小红圈。遇到读法和用法皆不大常见的字,他还会把这个字的出处告诉嘉莹。

尽管三四岁的叶嘉莹对父亲讲的深意不甚理解,但是,父亲教她认字号时的黄纸、黑字、朱圈,却令她记忆深刻。

此后多年,她皆从中受益。

在深深庭院之中,在父母的教育启蒙中,她曾临摹过一本小楷的字帖。

薄薄几页,不知是谁人的字帖,书写的是白居易的那首《长恨歌》。故事是缠绵悱恻、感人至深的,诗歌声调亦是和谐婉约的,因而临摹不久她就可以熟读成诵了。

而后,她对读诗的兴趣渐深浓。

适龄时,父母没有将她送到学校去读书,而是请了家庭教师,来到他们温馨而诗意的庭院之中,给她以学识的开蒙。

因为,他们觉得幼时孩子的记忆力最好,应多读一些有价值的、有意义的古书,而不必浪费在"大狗叫,小狗跳"之类浅薄的小学语文的学习中。

这位家庭教师,就是叶嘉莹的姨母,教她和大弟。

开蒙第一天,父母还特意为他们举行了拜师仪式。

不仅如此,还立了一个"大成至圣先师孔子"牌位,让她和大弟对着牌位行了首礼。懵懂的叶嘉莹和大弟,很是认真地对着孔子的牌位磕了头。难怪,后来的叶嘉莹常言自己是给孔子磕过头的。

小小年纪的叶嘉莹虽不懂这些礼节,但是,却在内心莫名生出了一份敬畏之情。

对学识的敬畏,从此刻深种于她心中。

姨母所用的课本是朱熹的《四书集注》。

《四书集注》，乃是集《大学》《中庸》《论语》《孟子》于一体的巨作，为儒家理学名著。姨母并不做详细讲解，只说一个大概，然后就让叶嘉莹和大弟去背诵，去自我消化。

每天上午是自修时间，下午姨母讲语文、数学、书法。姨母的教学是严厉的。上午，叶嘉莹和大弟要把昨天的作业写完，把要背的《论语》段落背下来，大字小字也要写完。

午饭后，姨母会先检查，然后再上新课。

日复一日，周而复始。

其间，叶嘉莹从未觉得枯燥过，反而乐在其中。比如《论语》中孔子说"三十而立，四十而不惑"，从字面意思上她可以略知一二。但是，"五十而知天命，六十而耳顺"，她就不知道为什么了？尽管疑惑多多，但她会努力去背诵。

事实上，成长之中这些让她受益匪浅。

《论语》，作为她背诵最熟的一册古籍，给了她最强大的精神之慰藉。

她说过："在我的一生里，每当我碰到事情需要做决断的时候，脑子里就常常无形中跳出一些《论语》来，就会受它的影响。"

确实。随着年龄的渐长、阅历的丰盈，她对《论语》之中所言的人生哲理，越来越有更深切的体悟。

这样的童年时光，是丰盈而充实的，每当回忆起来，她都倍觉快乐。

2

花满庭的叶家四合院里，一年四季诗歌吟诵声声不断。

祖父、祖母、父亲、母亲、伯父、伯母，皆对古典诗词兴趣浓厚，造诣颇深。并且，他们喜欢将诗词吟诵出来，男的大声吟诵，女的小声吟诵。总之，整个叶家庭院里诗歌声声，曲调婉转。

如此氛围，令叶嘉莹受益匪浅。

她内心诗词的种子，在此处悄悄生根发芽；她那些对诗词的理解和领悟，亦来自如此氛围的熏陶。

很小的时候，叶嘉莹就开始背诗了，尤其是唐诗。

第一次把《唐诗三百首》当课本教她的，是伯母。伯母有才学，文学修养颇深。她按照《唐诗三百首》的编选顺序来教叶嘉莹。像姨母一般，关于体式、字义、注解之类，她也不深讲，只让叶嘉莹去背。

这种中国传统的教学方法，自有其道理。

小孩子，实际上就是不需要多讲的，而是要以其记忆力强的优势去发掘，让他们多记忆、多背诗。虽当时不能理解，但只要背了下来，随着理解力的提高，那些早年间的记忆就自然而然地被调动出来，如同智慧库，为其提供不尽之资源。

关于此法，叶嘉莹自己是十分认同的。

事实上，时光走过，她确实受益最多，体悟最深。

她很认同大家王国维所说的，古今成大事业大学问者的三种境界："昨夜西风凋碧树，独上高楼，望尽天涯路""衣带渐宽终不悔，为伊消得人憔悴""众里寻他千百度，蓦然回首，那人却在灯火阑珊处"。

说的是，好的诗词作品，断然不是大家从表面所看到的第一层意思，那不见得是作者所表达的本意。

因为好的作品，它必然有很丰富的内涵。

在叶嘉莹看来，背下来这些好的作品后，很奇妙的事情就发生了，随着年龄的慢慢增长，随着对人生体验的逐渐丰富，对这些作品会有更深入的体会。

譬如，那时的她背"云母屏风烛影深，长河渐落晓星沉。嫦娥应悔偷灵药，碧海青天夜夜心"。她虽不懂其间深意，但她喜欢嫦娥、银河、烛影、屏风这样的意象，于是就背了下来。

当时并不觉得什么，后来亦没有去理会。直到 1953 年，她在台北二女中教"淝水之战"那课时，讲到前秦、东晋交战，东晋胜，而获一辆云母车。在下课等公交回家时，脑海里突然就跳出"云母屏风烛影深"的句子来。而此时她已经患难，竟刹那间深懂了李商隐那种孤独、寂寞、悲哀。

诗里如是丰富之内涵，孩子自然是无法理解的。但是，记住了，岁时光影里，自是会越发有所体会，越发有所升华的。

这就是诗歌的魅力吧！

亦是诗歌之力量吧！

多年后，叶嘉莹如是说："我一生经过了很多苦难和不幸，但是在外人看来，却一直保持着乐观、平静的态度，与我热爱古典诗词的确有很大关系。"

静安先生用东坡韵咏杨花的《水龙吟》词的头两句"开时不与人

看，如何一霎蒙蒙坠"则是最为治愈她的词句。多年来，她从未曾向任何人透露过她的种种不幸，而一直于外表上保持住她一贯的和愉平静，皆源于这些诗词给予她的力量。

一如人生信仰！

3

1932年，快十岁的叶嘉莹考入家附近的一所私立小学——笃志小学——做了一名插班生，念的是五年级。

在这里，她正式学习英文课程，开始用文言文与在上海工作的父亲通信。

时光穿梭，她渐渐成长为少女。

人说，"少女情怀总是诗"，叶嘉莹亦如此。

大约就是在这个时期，心思敏密的她在伯父的引导下尝试着作诗。

第一首，是伯父给她出的一个"咏月"的诗题，要求她用十四寒的韵来创作一首七言绝句。

从小背诗、吟诵，她对诗歌的声律运用，可谓信手拈来，创作起来，竟没觉有何障碍，很快就写了出来。时光荏苒，虽然，这首小诗遗失，但她至今仍清楚地记得最后一句，即"未知能有几人看"。

月色清寒，照在阑干上；夜深人静，无人欣赏的月。此意境，是全然扣题的。

而这之后，她就有了写诗的兴趣。

诗兴起，春秋之代序、草木之枯荣，会触发她的感发；窗前的竹、阶下的菊、花梢的蝶、墙角的蛋，皆成了她的灵感。她创作属于自己少年时期的小诗。譬如：

不竞繁华日，秋深放最迟。
群芳凋落尽，独有傲霜枝。

——《咏菊》

譬如：

植本出莲瀛，淤泥不染清。
如来原是幻，何以度苍生。

——《咏莲》

如是等等，皆充盈着一个少女的直心。

彼时，她还未曾走出家门步入社会，还未经历什么磨难，也未经历人情世故。

尽管诗中有对无常之认识，知晓人世盛衰、生死、聚散；亦有对自然万物的关怀之心，并怀有颇具佛家之空的心境。然而，这些诗仍全然是她一颗少女直心的本能之作。

是真挚的，亦是自然而感发的。

她的诗心，就此由只读、诵吟，步入抵达心灵的层面。

由心感发的种种，不再只是单薄的文字，而是心意的投射，更真切。诗与她，亦如双生花。

此生缠绕，不分不离。

书与词

1

1935年,叶嘉莹以同等学力考入北平市立第二女中。

母亲因此奖励她一套开明版的《词学小丛书》,以及所谓"洁本"的《红楼梦》《水浒传》《三国演义》。

就此,叶嘉莹新的阅读世界被打开了。

她最爱读的是《红楼梦》。《红楼梦》中,大观园里诸位小主吟诗填词的场景,于她是最大的吸引。

而《词学小丛书》,则打开了她的词学世界。其中,对她影响最大的两部作品,一个是王国维的《人间词话》,一个是纳兰性德的《饮水词》。

《人间词话》使得她对词的评赏有了初步的领悟。《饮水词》则让她对词的创作产生了浓浓的兴趣。

这之前,虽在父亲、伯父的引导下她读诵过唐诗,但他们从未教过她读词、填词。

尽管她曾读过一些五代、两宋词人的词作，但是，在读纳兰性德的《饮水词》之前，她从未有过填词的念头。

初读纳兰，一阕《梦江南》，瞬间就惊艳了她的心。

"昏鸦尽，小立恨因谁？急雪乍翻香阁絮，轻风吹到胆瓶梅，心字已成灰。"

初一读，她就被这字句所吸引，当时她还没有品鉴能力，只是甚觉这词作比她过往读的五代两宋的词更好，更清新自然。

于是，她一口气将这一部《饮水词》读完，读毕她竟无师自通地填起一些小令来。

此后她所作的词，皆深受《饮水词》之影响。

有一期三联的《读书》杂志，刊登了两首叶嘉莹创作的词：

一世多艰，寸心如冰，也曾局囿深杯里。炎天流火劫烧余，渺姑初识真仙子。

谷内青松，苍然若此。历尽冰霜偏未死。一朝鲲化欲鹏飞，天风吹动狂波起。

——《踏莎行》

爱向高楼凝望眼，海阔天遥，一片沧波远。仿佛神山如可见，孤帆便拟追寻遍。

明月多情来枕畔，九畹滋兰，难忘芳菲愿。消息故园春意晚。花期日日心中算。

——《蝶恋花》

读来，字句间能看到纳兰词作的影子。

清新、自然，亦倍觉亲近。

2

随着年龄的渐长，叶嘉莹对书的热爱成嗜。她常常会看书到很晚。除了做功课外，她用很多的时间来阅读。她看的书亦越来越广，不再限于诗词歌赋。

她开始看一些小说之类的"闲书"，也看四大名著及《七侠五义》《小五义》等，还看《福尔摩斯》这样的外版书。

起初，家里是点油灯的。

油灯的金属底座上有个玻璃罩子，灯点着之后就会冒黑烟，时间一长玻璃罩就被熏黑了，需要常常擦拭才能保持明亮。于是，她就将一个小木棒绑上棉花，拿来擦拭灯罩。

她从未觉得这样做是件麻烦的事情。只要能阅读，她愿意做任何事。

后来，家里安装了电灯，阅读成了一件更愉悦的事情，再不用被中途打断。

不过，不管是点油灯，还是开电灯，只要听到母亲说睡觉，她准会马上熄灯。若是还意犹未尽，她就会拿起手电筒躲到被窝里接着看。

这样的叶嘉莹是可爱的，亦是快乐的。

不久发生了七七事变，她的诗意的快乐的世界被涂抹上第一道悲伤。

1937年7月7日深夜，日军在卢沟桥附近借军演之名悍然发动攻击，开启了全面侵华战争。就此，全国陷入水深火热之中。

而彼时叶嘉莹十四岁，正值初二。她的世界因此有了斑驳之色。

她最喜欢的国文老师纪清漪突然不见了。纪老师是激愤的、革命的。上课时，她经常讲的是抗日或革命。然而，日本鬼子一进城，她就不见了。

这让叶嘉莹的内心担忧不已。

课业也被耽误了。

当时教她英文的老师非常好，如果一直教下去，她的英文肯定很好。然而日本人占领了北平，取消英文而改学日文。

痛恨日本人，自然会特别抵触日文。因此，不只是叶嘉莹，全班乃至全校的学生没有谁好好学日文的。

乱世之中的人，自有乱世中的活法。在动荡的北平城内，叶嘉莹一直没有放弃的是喜欢的国文课，她热爱诵读的依然是唐宋诸家的诗词歌赋，同时她还喜欢六朝时期的一些骈赋。

在进入高中一年级之际，她还遇到了一位名叫锺一峰的国文老师。

这位国文老师不仅教他们国文课，还鼓励他们学写文言文。于是，叶嘉莹将过去给父亲写文言文信的本领拿出，用在了文言文写作之中。

她曾作一篇《秋柳赋》，惊艳了这名国文老师。

此时的叶嘉莹并不知道，她此后的生活将发生翻天覆地的变化。少时花满庭的庭院，亦无法承载她之悲痛！

心茫茫

1

七七事变之后，北平叶家的庭院中就少了欢颜。

时间已然来到了1941年，距离父亲失去音讯已四年之久。

这一年，叶嘉莹要高中毕业了，她将面临人生中第一个重要的选择：是报考北京大学的医学系，还是辅仁大学的国文系？她犹豫不决。毕竟还是孩子，在如此重要的选择面前，她有了迷茫。

若父亲在身边，想来她应会选择得更从容、更坚定些。

她很明白学医自然更加实用，然而，诗词却是她此生最难割舍的最爱。

思忖再三，她最终还是选择了自己最爱的诗词，决定报考辅仁大学国文系。

之所以如此选择，除了热爱诗词，还因当时辅仁大学是一所教会大学，不受日军及敌伪政府的控制。最重要的也是最吸引她的是，这所学校里有一批不肯在敌伪学校任教的有风骨的老师。

当时北平的几所国立学校都在日本人的控制之下。

对于叶嘉莹而言,辅仁大学确实是最好的选择。

既然准备好报考辅仁大学的国文系,那么就努力吧。

尽管她天赋极高,又求知若渴、勤奋好学,一直是国文老师最青睐的好学生,然而,真的要报考时,她觉得还需再努力。

所以,她选择了一个国学班,来巩固自己的国文知识。

这个国学班在西单牌楼附近,讲授《诗经》《尚书》《易经》《左传》。白天,叶嘉莹去学校上课;晚上,就来到此处上国学课。虽然奔波劳碌,但她乐在其中。

教她《诗经》的老师,是一位姓邹的老先生,国学知识甚是渊博。一天,叶嘉莹把平日里写的诗拿给他看。邹老先生一看便笑颜全开,并写下很高的评语,称其"诗有天才,故皆神韵"。

这大大增加了叶嘉莹对诗词的热爱。

此后多年,叶嘉莹回忆起当初选择辅仁大学国文系,是把其当作命运来看的。

她曾如是言说:"放弃北京大学医学系而选择辅仁大学国文系,于我而言,这就决定了我今后要一直行走在诗词道路上的终生命运。"

不过,她亦说:"虽然在现实生活中,我曾经历过不少挫折和苦难,但一生能与诗词为伍,始终是我人生最大的幸运和乐趣。"

人就是这般吧!

能有所热爱,就能有所坚持,如是,人生才有无限可能,即使跌落谷底，亦能有一束光帮着照亮爬上去的台阶。

所以，一生热爱诗词的叶嘉莹是幸运的，亦是有力量的。

行帆世间，迈过几许曲折坎坷。她坚韧若一株木棉，以一棵树的姿态，傲立于尘世间！

2

1941年秋，十八岁的叶嘉莹进入大学时代，开启为期四年的大学生活。

心是欢喜的，亦是期待的。

只是，母亲的病成了她心底隐隐的不安。

彼时，母亲的病越来越严重了，常常痛得站不起身来。

尽管伯父给母亲开了不同方子，吃了多种中药，但依然没有任何作用。母亲身体变差，是从七七事变，从失去父亲音讯后开始的。

当时，母亲不仅担忧父亲的安危，还要承担起养家糊口的重担。

时局混乱，老百姓生活几乎难以为继，就算是叶家这样的家庭，也要四处避难，吃糠咽麸，甚是艰难。

物质生活的艰苦尚可以面对，但是，真正让母亲难以承受的是为父亲担忧所造成的折磨。

故而，她终抑郁成疾。

对乱世中如浮萍般的人儿来说，每一日都是煎熬。

而母亲又念父情深，这就更难以承受了。她的衰弱，与日俱增。

看着如此的母亲，叶嘉莹是心焦的，她尽可能地帮着母亲多做些家务，但依然于事无补。母亲最后还是被病魔打倒。

她终失去了母亲，在那个初秋的9月。

人说，父母在，人生尚有来处；父母去，人生只剩归途。

不知那时的叶嘉莹，有何感想。可知的是，她悲痛欲绝，心里充满了恐慌、不安、无助……她自己亦说过："我平生的第一个打击就是母亲去世。"

除了写下字字含泪、句句伤心的八首《哭母诗》，还写下了一阕《忆萝月》的词：

萧萧木叶，秋野山重叠。
愁苦最怜坟上月，唯照世人离别。

平沙一片茫茫，残碑蔓草斜阳。
解得人生真意，夜深清呗凄凉。

这是安葬母亲之后所作。

当时，回到空荡荡的没有母亲的房间，她的悲恸如潮涌，让她不能自禁。

于那时的叶嘉莹而言，唯有文字可以疗伤。

只是她的作品，不再似过往写出来的那样飘浮，因为那只是想象出来的。这一次，她的忧伤浸染了整个身心。她第一次明白，除了西窗竹影，内心的忧伤才是最天然本真的素材。

写下来，才能有宣泄，才能被拯救。诚如后来的她所言："我虽遭丧母之痛，但在读书方面却没有受到什么影响。反而如古人所说'愁苦之言易工'。这一时期,我写作了大量的诗词。"

是的,她本是诗词的女儿。这世间,亦唯有诗词可以给她安慰、力量!

此后,在花满庭的深深庭院中,她与伯父、伯母及两个弟弟一同生活。
一夜之间,她长大了。所幸,她的前方有恩师顾随先生引领她走往后的路。

生与莲

1

她与莲,一生有缘。

她出生的那个 6 月,是莲花盛开的季节,俗称"荷月"。父母遂以"荷"为她的乳名,取小名"小荷子"。

而她平生亦对荷花情有独钟。

读书时,她就对"荷"特别关心,读到关于"荷"的文字,就会倍觉亲切。比如,她看《尔雅》,看到有关"释荷"的部分,就要比别人更能感同身受。《尔雅》曰:"荷,芙蕖,其茎茄,其叶蕸,其本蔤,其花菡萏。其实莲,其根藕,其中的,的中薏。"在这本中国古代的字书中,她不仅知晓了荷的形态,亦知晓了荷有很多的别名,譬如芙蓉、菡萏、莲,更知晓了在不同诗歌情境中可以用不同的名。

她创作出的第一首咏荷之作——《咏莲》(1940 年),所用即"莲"字。

为什么呢?是直觉,亦是自然而然。

这之前，没有谁给她讲过什么修辞炼句，她完全是凭借着自己的直觉来创作的，是自然而然地用了"莲"。

当时的她，只觉得莲给人一种联想，莲是与佛经有很多关联的。

彼时的她，亦并没有看过什么佛经，而叶家也没有谁信教，他们家信孔子，她从小到大接受的教育亦是儒学的，她也完全不懂什么高深的道理。

所作，就真的全凭着她的本能。

不过，她虽不信教，也不读什么佛经，但是，她会因为跟莲花的亲切感，而特意去了解一些诗词中莲跟佛教相关的典故。

比如，李商隐的《送臻师》（臻师，是一个和尚的名字）：

苦海迷途去未因，东方过此几微尘。
何当百亿莲花上，一一莲花见佛身。

诗的大意是：

人于苦海之中迷失了自己，既不知过去，亦不知未来；佛经言"微尘"，是微尘的世界，世界上的劫变。人类的世界尚且如此，个人的生死更是如此，不知道这一世经历了多少劫变。

佛经说，当佛为众生说法时，每一个毛孔里面都会长出一朵莲花，每一朵莲花盛开后会出现一尊佛。

李商隐写这首诗，亦是有着美好愿想的。

他是说，我们尘世的苦难如此深如此重，什么时候能真正有一个祥和的世界，清净的、美好的、芬芳的，可以看到数不尽的莲花、数不尽的佛，来度脱大家出离尘世的苦难呢？

而她在创作《咏莲》时，一句"如来原是幻，何以度苍生"，就将李商隐这首诗的最后两句给否了。既然如来都是虚幻的，如何能真的度脱众生出离苦海呢？

彼时，她年仅十六岁。

后来她讲课时说，有时候想来也觉得当时创作出来这样句子的自己有些奇怪，一个十几岁的小孩子，怎么会有这样的想法呢？

转念想，或许是因为当时的自己目睹了太多的灾难吧。

当时，北平沦陷于日寇的统治，老百姓充满悲恸和苦难。北平城里到处都是从各地逃难而来的人，冬天上学的路上，更是可在街头巷尾看见冻死饿死的人。身处于其中，她必然有着很深的感触。

那时，她最大的愿望就是，如果莲花真能拯救世人，她愿天下开满普度世人的莲花。

可惜，如来是虚幻，又怎能真的度脱众生于苦海呢？！

她一颗莲心充满了悲痛，却无能为力。

2

自祖父去世后，叶家庭院中的荷花缸里就不再养荷花。

但是，北海、后海、什刹海，到处都是荷花。

每到夏天，母亲会带着她和弟弟们到北海、后海或者什刹海去，不见得专门去赏荷花，有时只是路过，但她仍可以看到很多的荷花。

所以，她依然可亲切地感知荷花，且对荷花本能地进行一些创作。

比如，她仿先人乐府诗而创作的一组《拟采莲曲》：

> 采莲复采莲，莲叶何田田。
> 鼓棹入湖去，微吟自叩舷。
> 湖云自舒卷，湖水自沦涟。
> 相望不相即，相思云汉间。
> 采莲复采莲，莲花何旖旎。
> 艳质易飘零，常恐秋风起。
> 采莲复采莲，莲实盈筐筥。
> 采之欲遗谁，所思云鹤侣。
> 妾貌如莲花，妾心如莲子。
> 持赠结郎心，莫教随逝水。

古人写《采莲曲》，皆隐喻着一个女孩子对爱情的向往。正青春年少的叶嘉莹，在这首《拟采莲曲》中也深蕴了爱情的意味。

彼时，如莲一般美好的她，亦有少女心事。所以，她会心生相思意，也渴望能有一位良人相伴一生。

因为莲，她还专门去听一位佛教法师讲《妙法莲花经》。

那是在北平的广济寺，1943年的秋天。

当时，在大学读书的她，看到报纸上有一则消息，说有一个佛教的法师在北平的广济寺讲法。想到自己名字中的"荷"，就想听听佛教是怎么说"莲"的。

法师讲得很长，她记下来的是：花开莲现，花落莲成。

"花开"是当你有生命的时候；"莲现"即你那个智慧的种子出现了，就在你的心中，但你那会儿没有觉悟。故而"花落莲成"，即你要把那些世俗中的虚妄的、外表的东西统统都丢掉，如此你智慧的种子才能够完成。

佛说，每一个人都有成佛的种子，每一个人亦都有智慧，要以智慧去追求，如此才会对人生的意义和价值有真正的觉悟。

而这个觉悟，每个人生来就有的。

"人之所以异于禽兽者几希"，就是人具备思想、灵性，这是人与动物最大的区别。

故而，每个人都应该用灵性、思想，对人生有彻底的觉悟和认识。

于是，她在听完这位法师讲《妙法莲华经》后，创作了《鹧鸪天》：

一瓣心香万卷经，茫茫尘梦几时醒。前因未了非求福，风絮飘残总化萍。

时序晚，露华凝，秋莲摇落果何成。人间是事堪惆怅，帘外风摇塔上铃。

那时的叶嘉莹因对莲与佛之间的这种零落思考，而真正与佛结了缘。

这阕《鹧鸪天》，成为她佛性启蒙与顿悟的开端创作。

而后岁月，她与莲，与佛法的缘分真可谓"殊胜"矣。

她之幸遇恩师顾随先生，喜言佛法；她之所以起笔名"迦陵"，巧为佛书中妙音声鸟"迦陵频伽"之简称；她先后两次在未曾前知情形下，得蒙佛门之二位大德邀以素斋相聚……

她的人生经历和诗词创作，无不渗透着与莲花及佛法的各种因缘。

可以说，叶嘉莹这一生，亦是莲花的一生。

倾谈三 从师·顾随先生

诗词似一剂治愈的良方。
而顾随先生,则恰如开方的良师。

初识恩师

1

战乱之际,坐落于什刹海的辅仁大学是个最美好的存在。

创办于1927年的辅仁大学,虽然是一所由罗马公教创办的天主教大学,但与北大、清华、燕京大学并称北平四大名校。

其前身,是北京公教大学附属辅仁社。创办人乃《大公报》创办人英敛之、著名教育家马相伯。

创办之初,学校只招男生而不招女生,甚至连学校的教职工亦全部是男性。

基于此,北平城流传这样一句歌谣:"辅仁是座和尚庙,六根不净莫报名。"确实,对于"六根清净"的学生而言,此处乃目不斜视、修身养性之好地方;"六根不净"的学生,还是最好不要报考。

1929年,史学家、教育家陈垣先生担任辅仁大学校长后,将这一规定废除。他采取了一系列的改革举措,其中之一即设立女生部(女院)。

女院建在著名的恭王府内。

1932年，辅仁大学通过教会的关系，以108根金条的价格，从恭亲王的后人手里买到恭王府。恭亲王的二弟溥儒，又以10万银圆的价格，将恭王府花园也卖给了辅仁大学。就此，整个恭王府成了辅仁大学的女院。

多年后，叶嘉莹还清晰地记得学校的样子。校门口有个非常大的广场，对着广场的是一座坐北朝南的大门，正是恭王府的正门，红色大门两旁分别立着一个石狮子。院落很大，至少有三进，院落西侧有一条通道，可通到一处院落。

此处院落，即是叶嘉莹的教室。院落极美，尤其是暮春时节，风一吹，门窗全开的教室里柳絮漫飞，像极了林黛玉《唐多令·柳絮》中的"一团团逐队成球"。

另外，还有一处更大的院落。

此院落，有一个坐北朝南的大厅，大厅上有一大块横匾，有字"多福轩"。当年，此处被用作女院的图书馆。进入此院，可见一处长台，那是借阅图书的服务台，台后有几扇屏风，屏风后即是书架了。

步出图书馆，可见庭院内一棵非常古老的紫藤，枝干粗大，一看就知年数久远。每年它都开紫红色的藤萝花，暮春时节，开得最茂，煞是浪漫。

往西，从一个甬道进入，可到一处非常幽静的小院落。

此院落种满了竹子。小院的小门上，题有"天香庭院"的字样。据红学家周汝昌所考，该院落即《红楼梦》中林黛玉居所"潇湘馆"。

顺着西边的甬道走到尽头，进入一处坐北朝南的院落。

院落呈长条形，东西各有两层小楼，楼下皆有矮矮的栏杆。靠东边的小楼上，挂有一块匾，题曰"瞻霁楼"。

此处为当时女院的女生宿舍。作为家在北平的本地人，叶嘉莹没资格住宿舍。不过寒暑假时，外地同学纷纷回家，就会有空床铺，于是，没有走的女同学就会邀请她们这些在北平的同学住到宿舍里去。聚到一起，她们或于校园中游逛，或弄点小酒，到有花有竹子的地方小酌。

彼时，她亦有一阕小词记录之。词牌名，曰《破阵子》；词序如是："五月十五日与在昭学姊夜话，即将近毕业之期。"词如下：

记向深宵夜话，长空皓月晶莹。树杪斜飞萤数点，水底时闻蛙数声。尘心入夜明。

对酒已拼沉醉，看花直到飘零。便欲乘舟漂大海，肯为浮名误此生？知君同此情。

女院充满了古典意味。侯门贵邸、庭院深深的恭王府，是促成叶嘉莹与古诗词结下不解之缘的因素之一，她曾说："我出生在一个旧家庭，在一个古老的四合院里长大，大学又跑到恭王府里来念书，受这些旧的环境熏染太深了。"

或许，有些缘分就是这般，与生俱来，亦与之同行。

一切都是冥冥之中的注定。而命运亦总是在电光石火间写就。

2

1941年的辅仁大学,是"孤岛"一般的存在。北平的四大名校,北大、清华内迁了,一度留守的燕大被取缔,只有辅仁大学以"孤岛"之姿态继续坚守。

整个北方沦陷区,亦只有辅仁大学受国民政府承认。一大批不肯在敌伪学校任教的有风骨的名师便汇聚于此,一些爱国青年也纷纷慕名报考或转学而来。

当时,辅仁大学也是名噪北平的。

于当时的叶嘉莹而言,辅仁大学最大的吸引处,是它的师资团队。辅仁大学的校长是陈垣先生,文学院长是沈兼士先生,国文系主任是余嘉锡先生。

作为校长的陈垣先生礼贤下士,聘请了多位有民族气节的学者专家,比如朱希祖、邓之诚、马衡、罗常培等一批大师级学者;国学方面,更有高步瀛、沈兼士、郭家声、罗常培、魏建功、唐兰、孙人和、顾随、陆宗达、赵万里、刘盼遂等名师。

这些学者名师各有特质,皆让学生们受益匪浅。让叶嘉莹印象深刻的余嘉锡,作为著名国学家,为人虽传统严肃,却不失有趣。他留着白胡子,不苟言笑,讲课时亦正襟危坐。站起来,在黑板上书写时,颇有些如松而站的样子,书写的亦是规规矩矩的行草,四个字一行,四个字一行,绝不会乱。身为湖南人的他,口音很浓重,把"读书"二字读成"读须",许久叶嘉莹才知是"读书"二字。

还有教育系的张怀老师，是有名的严师。据说，他对本系的学生要求极其苛刻，每上课必指定十多本参考书，如此，将系内学生逼得鸡飞狗跳；考试时，亦不按理出牌，所出题目皆是课外的，没看过参考书的同学真的是不知所云。

不过，他没有教过叶嘉莹。关于他的种种传闻，叶嘉莹也只是道听而知。

叶嘉莹深刻记得的老师，还有教她经学史的刘盼遂先生、教她声韵学的陆颖明先生，以及教她小说史的孙楷第先生，他们皆是当时著名学者。

另外，还有一位是教她戏曲史的赵万里先生，是叶嘉莹最崇拜的学者王国维先生的学生，浙江人，口音也很重，叶嘉莹常常听很久才能听懂他讲的话。

不过，所有老师中，对叶嘉莹这一生影响至深的，当属顾随老师。

顾随，字羡季，号苦水，晚年号驼庵，河北清河县人，本名顾宝随，生于1897年2月13日。

顾随的父亲顾金墀先生乃清朝的秀才，对顾随管教非常严格。顾随从小就跟着父亲诵读唐人绝句，五岁入家塾，由父亲亲自教授四书五经、唐宋八大家文、唐宋诗词及先秦诸子中的寓言故事。

正因如此，顾随先生打下了深厚的中国古典文化根底。

1907年，十一岁的顾随考入清河县城高等小学堂，三年后考入广平府的中学堂。

1915年，顾随中学毕业，后在父亲的鼎力支持下报考了北京大学国文系。不过，后来他读的却是英文系。

这是因为他遇到了时任校长蔡元培先生。蔡先生见其国文成绩优异，再读国文系，学业上不一定会有更大的突破，于是亲自找到顾随，劝导其改报西洋文学，以求拓展知识面、开阔眼界，贯通中西。

自然，顾随接受了蔡元培先生之建议，在天津北洋大学预科读了两年英文后转入北京大学英文系。

在北京大学，顾随先生不仅接受了五四新思想之熏陶，亦在接受了西方新文化后，形成了独有的融汇中西、兼容并包、博大精深的治学基础。

就是在北京大学，他将自己的名字改为顾随，取字羡季。"顾随"二字，取自《论语·微子》篇"周有八士"中"季随"之典故。

1920年，顾随大学毕业，先后于河北、山东、京津地区任教。

1942年秋，顾随先生来到辅仁大学。

时年，叶嘉莹正在读大二。很荣幸，她成了顾随学生中的一员。这一年，身材瘦高、爱穿长衫、常常面带微笑的顾随先生，给她们上的是唐宋诗课程，恰是叶嘉莹最爱的课程。

一切，都是冥冥之中的注定。一切，亦都是最好的安排。

师泽如山

1

对叶嘉莹而言,诗词似一剂治愈的良方。

顾随先生,则恰如开方的良师。

初上顾随先生的唐宋诗课,叶嘉莹就眼界大开。她曾说:"恍如一只被困在暗室之内的飞蝇,看到门窗开启,见明朗天空,辨万物形态。"

面带微笑、潇洒从容走进教室的顾随先生,讲课亦是潇洒生动的。

他讲课跟一般老师都不同,不是只讲课本上的知识,而是旁征博引,用叶嘉莹的话来说,"兴会淋漓,那真的是一片神行"。

这样的顾随先生,打开了叶嘉莹诗词世界的另一片天地,给予她极深的感受及启迪。

有着深厚中国古典文化之修养,且具有融贯中西之襟怀,对诗歌有着极敏锐之感受与深刻之理解的顾随先生,讲课纯以感发为主,全任神行,一空依傍。

他从不拘泥于死板的讲解,或许一堂课里一句诗也没讲,表面来看他所讲皆是闲话。其实,他所讲才是诗歌之精髓之精论妙义。

禅宗言"不立文字,见性成佛",诗人论诗亦有"不涉理路,不落言筌"。

恰如顾随先生讲授唐宋诗课之风格。

多年后,叶嘉莹还清楚地记得顾随老师讲课时的情形。

她说:"顾先生讲的是诗歌美感本身,他对于诗词不同的美感有很仔细、很敏锐的分辨。他讲课时用很多的比喻,联想也很丰富。

"比如讲到杜甫时,顾先生说,杜甫的诗深厚博大、气象万千。他举例说:盆景、园林、山水这些好像都是表现自然的景物,盆景是模仿自然的艺术,不恶劣也不凡俗,可是太小;园林也是模仿自然的艺术,比盆景范围大,可是匠气太重,因为是人工的安排,人工造出来的;而真正的大自然的山水雄伟壮丽,我们不但可以在大自然中发现一种高尚的情趣,而且可以感受到一种伟大的力量,这种高尚和伟大在盆景、园林中是找不到的。

"有的诗人作的诗也不是不美,可是就像盆景,再大一点像园林,范围很小,总是有人工雕琢的痕迹;而杜甫诗的那种博大深厚的感情那种莽莽苍苍的气象,是真正大自然中的山水,他的那种高尚的情趣、伟大的力量,不是其他的作品可以相比的。"

如此顾随先生,于那时的叶嘉莹而言,是一位最富于启发性的难得的好老师。

故而,每次上顾随先生的课,她都会专心地记笔记。

她清楚地知道,顾随老师所讲皆是诗歌之精华,亦是发自老师之

063

内心，而不会在任何课本上有的。错过了，就不会再有了。因此，她"心追手写，希望能把先生所说的话一字不漏地记载下来"。

不过，想要记下顾随先生所讲并非易事。若是没有深厚的国学根基，怕是很难跟上的。顾随先生随口所言的诗例词例，以及儒家道家佛家之经典，皆考验着每一个学生中国古典文化的修养。

于古典文学功底深厚的叶嘉莹而言，却不是难事。凡当年顾随先生讲的话，她竟一字不漏地记录了下来，就如同录音机一般。

在跟随顾随先生学习的六年时光里，她共积累了厚厚的八本听讲笔记。这些笔记，她视若珍宝，曾跟随她辗转漂泊几十年，从北京、上海、南京、左营、彰化、台南、台北，乃至国外。一路走来，有许多物什都已散失，唯独这些笔记她一直随身携带，完好无损地保存了下来。

多年后，叶嘉莹似瑰宝般的笔记，得以以四十余万字《顾随文集》之面貌呈现。

于她，这是一种至深的欣慰，亦是一种对顾先生深厚师恩之回报。

要知道，中国韵文家、散文作家、理论批评家、美学鉴赏家、讲授艺术家、禅学家、书法家、文化学术研著专家集一身的顾随先生，赤子一生，生前并无书籍著作出版。而这一本聚集了顾随先生一生研究与创作之心血的《顾随文集》，不仅对我国古典文学与文艺理论研究有很高价值，亦对我国当代文学创作实践具有指导和借鉴之意义。

恩泽如山，感念似海。这是叶嘉莹对恩师顾随先生最真切的回报。

2

顾随先生讲诗除了旁征博引，还有一个对叶嘉莹影响至深的特色，即他常常把学文与学道、作诗与做人相提并论。

比如，他讲喜欢的作者，亦讲不喜欢的作者；讲为什么喜欢，亦讲为什么不喜欢。

拿姜白石来说。前人皆说姜白石的词，如同野云孤飞、去留无痕。顾随先生则说，姜白石词的缺点是太喜欢修饰，外表看来很高洁，内在缺少了真挚之感情，这样的词是清空，清是一点渣子都没有，空则是空灵。清空，固然也是一种美，但却如一个人只是穿了白袜子不肯沾泥，总自己保持清白、清高，实属狭隘、自私——遇事不肯出力，为人亦不肯动情。

如此讲诗的顾随先生，常被外人说成喜欢跑野马。

然而，于当时乃至后来的叶嘉莹而言，顾随先生则是人生之路上最好的引路人。

上了顾随先生的课之后，她不仅在文学作诗方面得到很大启发，亦在立身为人方面得到了很大启示。

后来，当她为人师之后，教学时也喜欢跑野马，为文时也必定写出自己真诚之感受，皆是受顾随先生之鞭策教导所致。

她说："顾先生在课堂讲授中所展示出来的诗词之意境的深微高远和璀璨光华，更是使我终生热爱诗词，虽至老而此心不改的一个重要原因。"

跟随顾随老师，叶嘉莹更学到了最可珍贵的评赏诗歌之妙理。

顾随先生讲诗，总是用联想推展出去。比如，他讲杜甫、陆游、辛弃疾这样的关怀国计民生的诗人，讲陶渊明、谢灵运、王维这样关怀大自然的诗人，会比较他们不同。他会从诗人本身不同之襟怀、性情，从作品之用字、遣词、造句所传达之不同效果，来层层深入地将作品中的细微差别讲解给同学们，并带领大家进入更深入的探讨。

有诗云："奇外无奇更出奇，一波才动万波随。"顾随先生讲课，于叶嘉莹而言就有类于是。

顾随先生把自己讲诗比作说禅。他曾有诗云："禅机说到无言处，空里游丝百尺长。"

当年，顾随先生这样的讲课方式，对叶嘉莹有很大启发。

后来，作为老师的叶嘉莹讲课时亦常说："语言文字本身有一种潜在的能力，是藏在语言文字里边的。"她还告诫同学："诗不能死板地翻译，翻译是把诗歌原作品杀死的办法。"

她所总结的顾随先生所讲诗歌的精微妙理是：既有能入的深心体会，又有能出的通观妙解，能对此有所体会，才是真正有所证悟的。

诗歌，是心的体悟，而非死板的直译。

故而，她成为老师之后，承袭顾随老师之衣钵，诗词课上亦通过讲课传达自己对于人生之理念。多年后，她的笔记本上还记着，某次顾随老师走上讲台在黑板上写下的三行字：

　　自觉、觉人
　　自利、利他
　　自度、度人

第一行是说自己觉悟，也使别人觉悟；第二行是说自己得到好处，也使别人得到好处；第三行是说自己得到度化（这是佛家的说法），也使别人得到度化。

这是她跟随顾随先生学到的一种为人为学之修养，亦是她学到的顾随先生关于诗论之妙义。

此于她乃是无价之宝。此后岁月她将顾随先生视作诗词道路乃至人生道路上如高山一般的存在，于她精神之世界，成脊梁、成砥柱。

人说，师泽如山，微以致远。顾随先生之于叶嘉莹，正如这般。

与师唱和

1

"古人有言'经师易得,人师难求',先生所予人的乃是心灵的启迪和人格的提升。"此乃叶嘉莹于《顾随:诗文丛论》序文中所写的句子,其所言说的即恩师顾随。

无论经历多少人生坎坷、岁月变迁,恩师顾随之于她的永远是高山仰止般的正大仙容。

除却辅仁大学读书期间,她在毕业工作后,仍跟随顾随先生听课,前后达六年之久。在这六年光影里,我们得以见到她和恩师那感人的唱和。那是如同画卷一般的美好唱和。

最初,叶嘉莹只是将自己的习作呈交给先生看,应是1942年深秋时节,叶嘉莹还沉浸在丧母的悲凄之中。母亲已逝去将一年,加之北平沦陷,故而叶嘉莹将情绪糅杂,抒发于诗词创作之中,写出三首七言绝句:

小紫菊

阶前瘦影映柴扉,
过尽征鸿晚露稀。
淡点秋妆无那恨,
斜阳闲看蝶双飞。

闻蟋蟀

月满西楼霜满天,
故都摇落绝堪怜。
烦君此日频相警,
一片商声上四弦。

秋蝶

几度惊飞欲起难,
晚风翻怯舞衣单。
三秋一觉庄生梦,
满地新霜月色寒。

当时,顾随先生为她认真做了批改。

第一首改了两个字,一个是"晚露稀"改为"露渐稀",一个是"淡点秋妆"改为"淡淡秋妆"。

第二首改了一个字,把"上四弦"改为"入四弦"。

第三首亦改了一个字,把"月色寒"改为"月乍寒"。

并且,二、三首皆认真地做了旁批、眉批。

顾随先生对遣词用字的感受是敏锐的，辨析亦是细微的。顾随先生的如是批改，对学习创作之中的叶嘉莹有着极大的启发和教益。渐渐地，她的习作风格，深受顾随先生的影响。

时间来到 1943 年。顾随先生一次在课堂上举引雪莱《西风颂》中"假如冬天来了，春天还会远吗"之诗意，而以中文写下"耐他风雪耐他寒，纵寒已是春寒了"两句词。

听后，她对此颇能感同身受。当时的沦陷区北平，生活是极其艰苦的。一切必需生活物资皆是配给的，且配给的混合面又酸又臭，不能和成面团，只能一团团地煮着吃。白米面，是有钱也买不到的，更何况那时家家也没什么银两了。顾随先生因为有家眷而只能留守沦陷区，家有六个子女，其艰难程度更甚。他以"耐他风雪耐他寒，纵寒已是春寒了"这两句来喻托，表达自己对抗战必定胜利的信心和盼望。

而同在沦陷区的叶嘉莹，颇能体会到恩师的这份心情。于是，她套用顾随先生的这两句，凑成了一阕《踏莎行》，且附写了一行"小序"：

用羡季师句，试勉学其作风，苦未能似。

烛短宵长，月明人悄。梦回何事萦怀抱。撇开烦恼即欢娱，世人偏道欢娱少。

软语叮咛，阶前细草。落梅花信今年早。耐他风雪耐他寒，纵寒已是春寒了。

顾随先生喜讲哲理，常言"心转物则圣，物转心则凡"。诚然，他作诗赋词皆内含托喻，这未完成的两句，亦托喻了他与他的莘莘学子互相慰勉之意。

这一阕《踏莎行》，叶嘉莹是将托喻暗含进去的。

听顾随课之前，她作诗是不懂得托喻种种，全凭感觉来写。如今，她听了老师讲的诸多诗词里的托喻之后，自然也就有了更深入的感受，继而也就懂得了托喻所在。

由此在这阕词中，我们得以看到她对人生之深刻反思，对生活的大悟。

她曾将这阕词呈交给顾随先生。顾随先生阅后，给她写下如是评语："此阕大似《味辛词》。""味辛"，是顾随先生早年的一册词集。

顾随先生早年写词，亦颇喜用富于思致的诗句。而叶嘉莹这阕小词，因有意模仿先生诗词之作风，亦写了些颇经思致的语句。

这样的叶嘉莹，自然是最入顾随先生之眼的。虽当时他只是在阅后写了评语而已，然十余年后（1957年），他仍还深记得这阕词，且为此而和词了一阕：

今春沽上风雪间作，寒甚。今冬忆得十余年前困居北京时曾有断句，兹足成之，歇拍两句是也。

昔日填词，时常叹老。如今看去真堪笑。江山别换主人公，自然白发成年少。

柳柳梅梅，花花草草。眼前几日风光好。耐他风雪耐他寒，纵寒也是春寒了。

——顾随《踏莎行》

而她到了2009年才知道老师追和她《踏莎行》的这阕词。

关于这奇妙的唱和，顾随先生小女顾之京在整理父亲词作时，曾如是写道："……用的是同一个词牌《踏莎行》……这竟是老师对弟子十四年前'用羡季师句'足成之作所谱的一阕无法明言'和作'的跨越时空的唱和。此中所深蕴的不尽的情意，难以言传。"

于叶嘉莹而言，这跨越时空的唱和带来的感动更是言语所难以传述的。

2

叶嘉莹和顾随先生，两人的唱和，最集中的年份是1944年。

所谓"唱和"，即古人作诗与别人相酬和，亦作"唱酬""酬唱"。好的唱和，一如玉映山辉，珠莹川媚。看顾随先生和叶嘉莹的当时唱和，即可知。

那年秋，叶嘉莹写了一组《晚秋杂诗》七律，共五首。而这之前，她还作了一首七律诗，题为《摇落》。此六首七律诗如下：

摇落

高柳鸣蝉怨未休，倏惊摇落动新愁。
云凝墨色仍将雨，树有商声已是秋。
三径草荒元亮宅，十年身寄仲宣楼。

征鸿岁岁无消息，肠断江河日夜流。

晚秋杂诗（其一）

鸿雁来时露已寒，长林摇落叶声干。
事非可忏佛休佞，人到工愁酒不欢。
好梦尽随流水去，新诗唯与故人看。
平生多少相思意，谱入秋弦只浪弹。

晚秋杂诗（其二）

西风又入碧梧枝，如此生涯久不支。
情绪已同秋索寞，锦书常与雁参差。
心花开落谁能见，诗句吟成自费辞。
睡起中宵牵绣幌，一庭霜月柳如丝。

晚秋杂诗（其三）

深秋落叶满荒城，四野萧条不可听。
篱下寒花新有约，陇头流水旧关情。
惊涛难化心成石，闭户真堪隐作名。
收拾闲愁应未尽，坐调弦柱到三更。

晚秋杂诗（其四）

年年樽酒负重阳，山水登临敢自伤。
斜日尚能怜败草，高原真悔植空桑。
风来尽扫梧桐叶，燕去空余玳瑁梁。
金缕歌残懒回首，不知身是在他乡。

晚秋杂诗（其五）

花飞无奈水西东，廊静时闻叶转风。
凉月看从霜后白，金天喜有雁来红。
学禅未必堪投老，为赋何能抵送穷。
二十年间惆怅事，半随秋思入寒空。

此六首，皆是叶嘉莹感秋意而触发所作。《摇落》诗，感秋天里隔壁两棵大槐树和自家院落里的花草枯落，被风吹来吹去的凄凉之貌；《晚秋杂诗》五首，则感郊外秋天的景色。秋来，花落、月冷凉、寒蝉寂鸣、夜阑珊人静……如是意象就涌入了她心底。

词作，就此自然而然从脑海冒了来，可谓一气呵成。于是，她将这六首七律诗抄写在一起交给了顾随先生。

令叶嘉莹意外的是，这一次先生没像过往那样为自己批改，而是跟她唱和了六首诗。

这应是他们第一次诗作唱和，让叶嘉莹意外、惊喜、感动。

且看顾随先生的和诗，诗题曰"晚秋杂诗六首用叶子嘉莹韵"，全组诗如下：

其一

倚竹凭教两袖寒，何须月照泪痕干。
碧云西岭非迟暮，黄菊东篱是古欢。
淡扫严妆成自笑，臂弓腰箭与谁看。
琵琶一曲荒江上，好是低眉信手弹。

其二

巢苇鹪鹩借一枝，鱼游沸釜已难支。
欲将凡圣分迷悟，底事彭殇漫等差。
辛苦半生终不悔，饥寒叔世更何辞。
自嘲自许谁能会，携妇将雏鬓有丝。

其三

青山隐隐隔高城，一片秋声起坐听。
寒雨初醒鸡塞梦，西风又动玉关情。
眼前哀乐非难遣，心底悲欢不可名。
小鼎篆香烟直上，空堂无寐到深更。

其四

旧殿嵯峨向夕阳，高槐落叶总堪伤。
十年古市非生计，五亩荒村拟树桑。
故国魂飞随断雁，高楼燕去剩空梁。
抱穷独醒已成惯，不信消愁须醉乡。

其五

一片西飞一片东，萧萧落叶逐长风。
楼前高柳伤心碧，天外残阳称意红。
陶令何曾为酒困，步兵正好哭途穷。
独下荒庭良久立，青星点点嵌青空。

其六

莫笑穷愁吟不休,诗人自古抱穷愁。

车前尘起今何世,雁背霜高正九秋。

放眼青山黄叶路,极天绝塞夕阳楼。

少陵感喟真千古,我亦凭轩涕泗流。

叶嘉莹读到顾随先生的这六首和诗时,时间已是冬天。感动之余,叶嘉莹又写了六首诗,题曰"羡季师和诗六章,用《晚秋杂诗》五首及《摇落》一首韵,辞意深美,自愧无能奉酬。无何,既入深冬,岁暮天寒,载途风雪,因再为长句六章,仍叠前韵"。

叶嘉莹把这六首和诗,呈交给顾随先生。不久,竟然又收到了顾随先生附上的六首和诗。

顾随先生的和诗,于那时的叶嘉莹而言真的是一束光,让她灰暗的世界有了光亮可循,亦让她在诗词的世界不寂寞。

也就是在那时节,叶嘉莹创作的作品特别多。也就是在那时节,叶嘉莹受顾随先生讲课引佛经为说之影响而起笔名"迦陵",开始发表作品。

于是,我们得以看到署名"迦陵"的诸多浑厚而雅、优美而质的作品,亦得以见证他们这亦师亦友的唱和,琴瑟般融洽。

真好。

3

多年后,叶嘉莹还深记得顾随先生当年写给自己的评语锦句:"作诗是诗，填词是词，谱曲是曲。青年有清才若此，当善自护持。"

恩师顾随对其器重，为她批改诗作；亦对其嘉勉，与她有不少诗词唱和；但绝非一味地褒奖，还对其有所提醒。

这对叶嘉莹而言，受益一生。

经由顾随先生的指导，加之原本的深厚基础，叶嘉莹的诗词创作造诣得到大幅提升。多数时候，拿给顾随先生看的作品，受到的只有欣赏和唱和，基本没什么修改了。其作品主题思想，不再只停留在少女闲愁之类的浅显层面，而是趋于一种直面苦难的坚毅之深度。

除却诗词的创作，她亦开启在令曲、套数、折子戏剧方面的创作。

对学生的教诲，顾随先生从来都以鼓励为主，即便是对学生习作做批改，也只是在原作的字句外面画一个圈做批注，绝不会用笔把原作字句抹去。对同学之创作的尊重达到了极致。

也正是如此，跟随他的学生皆对创作充满信心和勇气，亦敢做颇多新的尝试。一如开始驰骋于令曲、套数、折子戏剧等新领域里创作的叶嘉莹。

彼时，她对创作杂剧的兴趣最浓。但是，当时她已工作，正于三所中学任教，课时颇多，故而留给创作的时间并不算多。若创作四折杂剧的话用时会很多。于是，她决定写一篇一折的杂剧，且很快就进入创作之中。

她为这部杂剧取名曰"骷髅语"，取《庄子·至乐》里的一则寓言："庄子之楚，见空髑髅，髐然有形。"于是，庄子与髑髅对话，所谈与生死有关。

后来，她谈及之所以选如是题材，全然是受顾随先生影响。顾随先生往往会于作品中表现出一些人生哲理。而此际，她亦因母亲的去世、父亲的杳无音信而对生死皆有着深刻感受。

创作完成，她像往常一样将其呈交给顾随先生。

只是，这一次她没有来得及收到顾随先生对这篇创作的只言片语。因她在交给顾随先生之后不久，就结婚到了南方。

而这一去，竟因时局变化，她与先生顾随再没能相见。

辗转漂泊流离多年后，叶嘉莹再回故乡，已是先生逝去十四年之后了。

这一篇剧稿因没能得到先生一个字的评语，而成了她心头的憾事一桩。并不是为这篇习作丢失不见而遗憾，全然是因为没能看到先生关于此篇习作的评语。

与恩师相关的憾事，还有很多。她因性格拘谨羞涩，而很少独自去拜望恩师；即便去了，也是安安静静地聆听先生教诲，而与先生没能有过多的交流。

多年后，这也成了她后悔的事情。

不过，对于先生的师恩、仰慕，她皆糅入自己的创作中了。比如，她创作的《题季师手写诗稿册子》五言古诗。

这是她阅读先生的作品后而写下的感触：

　　自得手佳编，吟诵忘朝夕。
　　吾师重锤炼，辞句诚精密。

想见酝酿时，经营非苟率。
旧瓶入新酒，出语雄且杰。
以此战诗坛，何止黄陈敌。
小楷更工妙，直与晋唐接。
气溢乌丝阑，卓荦见风骨。
人向字中看，诗从心底出。
淡宕风中兰，清严雪中柏。
挥洒既多姿，盘旋尤有力。
小语近人情，端厚如彭泽。
诲人亦谆谆，虽劳无倦色。
弟子愧凡夫，三年面墙壁。
仰此高山高，可瞻不可及。

对她，与她唱和的顾随先生，始终是高山仰止般的存在。

衣钵传承

1

当年，在一众学子中，顾随先生是很欣赏叶嘉莹这个学生的，亦是抱有很大期望的。

他曾专门写过一封信给叶嘉莹，信中说："年来足下听不佞讲文最勤，所得亦最多。然不佞却并不希望足下能为苦水传法弟子而已。假使我有法可传，则截至今日，凡所有法，足下已尽得之。此语在不佞为非夸，而对足下亦非过誉。不佞之望于足下者，在于不佞法外，别有开发，能自建树，成为南岳下之马祖，而不愿足下成为孔门之曾参也。"

顾先生字句间充满了对叶嘉莹深深的期望。

多年来，在他的学生中就属叶嘉莹听课最勤奋。故而，他说若是自己有什么值得传下去的法门，叶嘉莹应都得到了。

但是，顾先生不希望叶嘉莹只是继承他的衣钵，他希望叶嘉莹能在他的法门之外，开辟一个新的天地，属于她自己的新天地。他愿看到的是叶嘉莹可像南岳怀让的弟子马祖道一般，得老师心传且又有自己之突破和建树。他最不愿看到的是，叶嘉莹像孔子弟子曾参那样，孔子说什么他就唯唯诺诺地说什么。

  他期望的，是一个可以将自己所传之法发扬光大，且生生不息地传承下去的叶嘉莹。

  那年是 1946 年的 7 月。叶嘉莹大学毕业有一年之久。她正在北平的佑贞女中教书。

  佑贞女中是一所天主教的学校。她每天穿着那个时代女学生都喜欢的阴丹士林袍服，骑着自行车穿行在上班的路上。

  承袭顾随老师衣钵，她讲授的是二人皆爱的国文课。在西什库教堂附近的佑贞女中里，她因渊博的学识和独具风格的授课方式，如顾随老师一般，成为校园里最受欢迎的老师，听她讲课的学生越来越多，于是，不断有人邀请她去兼课。

  先是一位父执辈的友人邀请她去光华女中兼职，后是一位学生家长邀请她去志成中学兼职。志成中学分女校、男校，后来她又兼职了男校的国文课，再之后她还去了华光女中兼职。最后，她竟然同时担任了三所中学五个班的国文课，每周课时达三十个小时之多！

  如此多的课时，她不仅不觉得辛苦，而且乐在其中！
  这是热爱的缘故啊！亦跟恩师顾随先生予以她的勉励有关呢！

2

叶嘉莹一直保留着一张恩师的照片。发黄的照片上，顾随先生坐在一把藤椅上，身后站着一群学生，而叶嘉莹就站在其身后左侧。

这张照片，摄于顾随当时居住的家中。

其实那时的叶嘉莹因为性格羞涩，并没有很多这样的机会。她说，课后不敢独自去看望顾先生，偶尔才和同学们一起去拜访。但是，这并不妨碍他们师徒二人的交流，因为他们之间更多的是心灵上的那份契合。

诚如叶嘉莹自己所言："父母的恩情是养育之恩，与子女是骨肉之情，但是二者之间未必能有真正的理解，更遑论心灵的契合。而老师和弟子之间的因缘遇合，虽然没有这种血缘上的骨肉之情，却可能做到一种真正的心神相通、道义相传。"

看她和顾随先生之间，甚如是。他们诗歌唱和，他们书信交流，他们精神、思想上的志意相传……如是等等皆说明了这些。

若不是 1948 年，她离开北平南下结婚；若不是几个月后，她随丈夫迁到台湾，她应会一直在顾随先生身边将其"传法"的期盼丝丝演绎。

只是历史中从不会有"如果"二字。一切过往，皆成事实。她仍于 1948 年结了婚，离开了北平；辗转上海、南京几个月后，又迁到了台湾。就此，他们师生音信全无，再无书信交集。

不过，他们二位彼此之心，皆有着对方。

叶嘉莹一直谨存着顾随先生写给自己的几封信,以及一首顾随先生作的七言律诗。此是最难得的保存。

因为经历白色恐怖之时,许多书信、手稿都被搜查走了。这首诗之所以能保留下,完全是因为她当时将它作为书法装裱了起来。

这首七言律诗对叶嘉莹而言,最是弥足珍贵。因为这是顾随先生为她送别而作的,名曰"送叶子嘉莹南下":

> 食茶已久渐芳甘,
> 世味如禅彻底参。
> 廿载上堂如梦呓,
> 几人传法现优昙。
> 分明已见鹏起北,
> 衰朽敢言吾道南。
> 此际泠然御风去,
> 日明云暗过江潭。

诗中饱含了顾随先生对她的鼓励和奖勉之情谊。

而顾随先生,则曾将这首诗抄录转赠给受业于他而后成为赫赫有名的红学专家的周汝昌。当时他还专门写信告诉周汝昌这是当年送给叶生的一首诗。

周汝昌曾问老师顾随先生,叶生是谁,现在何处,然而,顾随先生没有回答。

他此际已然不知晓叶嘉莹的任何消息,只剩下满心怀的浓浓念惜。

后来，叶嘉莹从周汝昌处得知此事后，还曾暗自庆幸：幸亏与老师断了音讯，不然的话，顾先生知道了自己的不幸，便徒增其忧伤和挂念了，那就真的师恩未能报答，只剩愧疚了。

于怀念顾随先生的文章中，叶嘉莹曾如是写过："（离开北平）三十年来我的一个最大的愿望，便是想有一日得重谒先生于故都……"

然而，造物弄人，她终没能在顾随的有生之年与其再见一面。这是她终生的遗憾。

不过，她终用漫长的诗词岁月，报答了顾随先生的恩泽，亦传承了顾随先生的衣钵。多年来，无论岁月怎样颠沛，生活怎样流离，她始终步履于诗词之道路上，并且致力于教学事业。她用理想和志意，将古人诗歌中的情操、修养，以及他们的品格、怀抱，传递给她的学生们。

她曾说："我很庆幸自己能得到很多非常好的老师的教导，但他们在课堂上所讲的大半只是知识的传授。而让我能够在品格、修养、人生上又提升一个境界的，我觉得是顾随先生。"

正如此，教授诗文成为她一生心血投注之所在。

当下，我们看到她的学生，从幼儿园、小学、中学、大学乃至博士、博士后皆囊括；从中国、新加坡，乃至北美、欧洲皆有。我们看到，九十多岁高龄的她，仍孜孜不倦地站在一方讲台上，讲授她挚爱的诗词歌赋。

"以一灯传诸灯，终至万灯皆明"，此乃她一生的写照。而她，亦如此将恩师顾随的衣钵传承，且将其予以发扬光大。

倾谈四 离乱·岁时漫漫

那些与诗词歌赋相伴的日子,是美好的,而今,一颗诗心在兵荒马乱的时局下只能搁浅了。

所谓爱情

1

"见了他,她变得很低很低,低到尘埃里。但她心里是欢喜的,从尘埃里开出花来。"——此乃与叶嘉莹生活在同时期的张爱玲对爱情的注解。

或许她们没有任何交集,但是,在民国时代,有家世、有才情的奇女子,被爱情眷顾仿似定律一般。比如,同时期的林徽因,以及陆小曼。

然而,叶嘉莹却没有被爱情所眷顾。

她读罢诗词万千,诗意情爱亦感知无数。然而,现实人生里她的爱情是缺席的一个篇章。

整个学生时代,她连一封情书都没有收到过。曾经,有记者问她:"年轻的时候那么漂亮,有人给您写情诗吗?"

叶嘉莹听了后,乐了,她说道:"没有,不像现在你们这么进步。我在辅仁大学念书是男女分校,偶尔有大课就合班一次,真是没有人敢跟我说话、随便打招呼。快毕业了,他们男生就编排给每人一个评语,就批评我了,评价我是'黜陟不知,理乱不闻,自赏孤芳,我行我素'。"

或许跟从旧时大家庭里长大有关,她被诗词浸润,比较保守。尽管父亲、伯父皆曾赴日留学过,他们的观念亦都开明,但是他们对于家族中女孩子的教育仍旧是"新知识,旧道德"。

叶嘉莹的性格亦有着传统女子的保守。在学校,她几乎不和男生说话;大庭广众之下,她更很少主动发言;虽有个很要好的女同学刘在昭,但两人在一起时,多数时候是看书,且还各看各的,少有交谈。

不过,诗书浸润下的她是耀眼的,亦是吸引人的。也许,情书收到过不少,只是,皆被她一笑而过。有人说:"大概诗词在她生命中的占比太大了,只给爱情留下太狭小的缝隙。"或许如此吧!

女大就会谈及婚姻。没有恋爱,但不代表不会步入婚姻。

不久,一个男子步入她的人生,只是他们之间没有爱情。此男子名赵钟荪,是由叶嘉莹初中的一个英文老师牵引认识的。该英文老师是赵钟荪的堂姐。

当年,因为叶嘉莹的书念得好,此老师特别喜欢她,且在她到了谈婚论嫁的年纪时,就准备将之介绍给自己的堂弟。

她并没有将这件事告诉叶嘉莹,而是挑了过年的时候,突然到叶嘉莹家来拜年。

当时,叶嘉莹就觉得很奇怪。要知道,那时过年,学生是常常会去给老师拜年，但是从没听说过老师给学生拜年的。只能说，"醉翁之意不在酒"，该老师是找一个好的时机到叶家。她的目的，是看看叶嘉莹有无男友、婚约之类。

之后，她什么都没有说，而是将叶嘉莹当下的情况告诉了堂弟。

可惜，她牵引下的这份姻缘却不是一段好姻缘。多年后，叶嘉莹在此婚姻中吃尽苦痛。

不久，叶嘉莹接到大学同学侯英的电话，侯英邀约她去家里小聚。当时，侯英的父亲刚刚过世，叶嘉莹就没多想，只想着得安慰下悲伤的侯英，就赴约了。

原来，其中是有颇多波折的。英语老师将她的情况告知堂弟赵钟荪后，颇有心机的赵钟荪不知怎的知晓了自己同事的女友侯英跟叶嘉莹是大学同学。于是，他就托侯英来撮合他们见面。

初次见面，他就很热情，一见到叶嘉莹就主动地说，他是她老师的弟弟。

如此一说，叶嘉莹对他客气了很多，不像过往对其他男生那样理都不理。

这次初见，赵钟荪是有意为之，叶嘉莹却是毫无所知。冥冥之中，这应是一次错误的相识。他们婚姻的悲剧，或许从一开始就注定了。

2

当年，赵钟荪在秦皇岛工作。不过，为了制造和叶嘉莹在一起的机会，他是颇费了番心思的。

那时，恰巧叶嘉莹家的南房空了出来。于是，叶嘉莹的弟弟就在里面弄了一个乒乓球台子，经常会有同学来打球。恰巧，赵钟荪有个同学的弟弟跟叶嘉莹的弟弟是同学。这样的好时机，他怎会错过？就这样，他找到了常来叶家的好借口。

一来二去，叶嘉莹跟这个常常来家里打球的赵钟荪熟悉了起来。

不过，熟悉不代表有爱。平庸的赵钟荪，是无法燃起叶嘉莹的爱的。他们只是不咸不淡地交往着，没山盟海誓，亦没有浓情蜜语。

曾经，赵钟荪几次向叶嘉莹求婚，但是都被叶嘉莹拒绝了。从心底，叶嘉莹应还没有真正地接受他。人生路上，在那个阶段，只是恰好他在，且恰好他执意要追求她而已。

关于爱情，或许她心有另一番模样。

但是，我们可以知道的是，绝不是和赵钟荪在一起的样子。

赵钟荪为娶到叶嘉莹，确实用了一番心思。大概在他们相识两年的时候，他丢掉了秦皇岛的工作，不久还病了。关于失业，他始终讳莫如深，不告知叶嘉莹任何消息。这让叶嘉莹间接地觉得是因为他常请假到北平找她而丢失的工作。

失业，生病，他将这些孱弱悲惨的面貌呈现在叶嘉莹面前，让她心有内疚。

此后，他的姐夫在南京给他谋得海军的一个职位。于是，他就在此时抓住时机，又跟叶嘉莹提出订婚一事，还说若叶嘉莹不答应他就不走了。

此时，良善的叶嘉莹真的是骑虎难下：拒绝，怕真的会耽误了失业又生病，好不容易谋到一个职位的赵钟荪；答应，内心有所不甘。

但是,她毕竟太善良了,最终还是心软地答应了他。

其实,父亲对这未来的女婿也是不满意的。

她答应赵钟荪不久,父亲从上海回来度假,专门见了赵钟荪。

赵钟荪虽不是父亲期待的理想女婿的样子,但是,父亲却是开明的长辈,既然女儿愿意答应,他也不会反对。

很快,赵钟荪在南京安定了下来。他马上写信给叶嘉莹,要她南下结婚,就此一切皆成定局。

历史的车轮不能回拨,此后即使叶嘉莹再后悔这一决定,也成了悲凉的徒然。

匆匆南下

1

1948年春天,叶嘉莹辞别家人,辞别了顾随老师,也辞别了自己在教的学生们,匆匆南下。此去,她是要跟赵钟荪结婚的。

此一去,她还未知将与北平的许多成永别。她以为很快就会回来。所以此去匆忙,只带了随身的衣物,还有顾随老师讲课的几十本笔记,其他皆没带,包括她最珍爱的一些书籍。

是时,因为父亲在航空公司工作,她是坐飞机去的。兵荒马乱的年代,家里也没有给她什么陪嫁。就这样,她一身轻地别了北平。

是年3月29日,于上海,她与赵钟荪举行了婚礼。

本来,父亲和外公都是在上海工作的,但当时父亲正在北平休假,而外公早已退休回了北平。

于是,她的婚礼有些凄凉,身边没有一个亲人,也没有什么仪式,只是被赵钟荪的姐姐邀请吃了一顿饭,拍了几张结婚照而已。

对于这些形式,叶嘉莹倒是一点也不在乎。她本就是个十分节俭的人。彼时她已工作几年,手头亦有些积蓄,另外,对于花钱她也十分大方。此前,连赵钟荪去南京的路费都是她出的。

内心诗意丰盈的她,从不计较这些,只是多年相处,有太多的事情让她寒心罢了。不过这是后话了。

初到上海时,叶嘉莹暂住在赵钟荪的堂弟夫妇家。

婚后,因为赵钟荪的工作地在南京,故而他们俩一起去了南京。抵达南京,赵钟荪的姐姐临时为他们租了一间大房子。这间大房子虽大却空空如也,不得已,他们俩先借了一张大床,买了一个红泥小火炉子,开启了婚后生活。

叶嘉莹很快应聘了圣三中学的一份工作,这是一所私立学校,也是一所天主教学校。

依然能教书,于彼时的叶嘉莹而言,是满心欢喜的。然而,因为时局混乱,生计十分艰难。彼时,南京政府管制下的币值一日数变,通货膨胀严重。

当时,他们租房不按钱算,而是按一个月几袋米或者几袋面。因为钱币没有准头,这个月说一百元,下个月可能连五十元都不值了。货币混乱,物资十分紧张,许多生活必需品本就奇缺不说,商人还不卖货,全把货物存了起来。因为,今天鞋子卖五元,明天可能就卖十元了。

此外,买什么东西都需要排队,排的位置靠前能买到,排的位置靠后就买不到了。

只有银圆是保值的。于是,每月叶嘉莹和赵钟荪领了工资后,第一件事情就是赶紧买了银圆存起来。买银圆也有风险，得好好看看真假。

在这样的时局之下，休假回到上海的父亲发现钱票变成了一堆废纸。因为他根本不会理财，钱票就那么随便放在抽屉里，不管、不换也不存，结果通货膨胀使一堆钱票全变成了废纸。

父亲和她的情况，就是当时上海和南京生活的真实写照。

这样的生活让叶嘉莹心陷空茫。每深夜至，皆咏叹："天涯常感少陵诗，北斗京华有梦思。"她是想念北平了。她亦想念北平的亲人、朋友，以及恩师顾先生。

那些与诗词歌赋相伴的日子是美好的，而今，一颗诗心在兵荒马乱的时局下只能搁浅了。

2

许多次午夜梦回，她应后悔自己匆忙南下了吧！不然，她不会谱出一套《越调·斗鹌鹑》的曲子，将自己的空忙、不安、失意如此来述：

> 一九四八年旅居南京。
> 亲友时有书来，问以近况，谱此寄之。
> 高柳蝉嘶。新荷艳逞。苔印横阶。槐荫满庭。光阴是兔走乌飞。生涯似飘蓬断梗。未清明辞别了燕京。过端阳羁留在秣陵。哪里也塞北风沙。早则是江南梦醒。

【紫花儿序】一般凄冷。淮水波明。蓟树云凝。风尘南北，哀乐零星。人生。说法向何方觉有情。把往事从头机型。恰便似梦去难留。花落无声。

【小桃红】有多少故人书至尚关情。惭愧我生计无佳胜。休猜做口脂眉黛打扮得时妆靓。镇常是把门扇。听隔墙叫卖枇杷杏。赋长闲寂寞营生。新水土阴晴多病。哪里取踏青拾翠的旧心情。

【秃厮儿】更休问江南美景。谁曾见王气金陵。空余下劫长堤杨柳青。对落照，逞娉婷。轻盈。

【圣药王】争败赢。论废兴。可叹那六朝风物尽飘零。更谁把玉树新词唱后庭。胭脂冷旧井。剩年年种山云黯旧英灵。更夜夜月明潮打石头城。

【麻郎儿】说什么秦淮酒醒。画舫箫声。但只见尘污不整。破败凋零。

【幺篇】近新来更有人把银元业营。遍街头一片价音响丁丁。寻不见白石陂陶公故垒。空余下朱雀桥花草虚名。

【东原乐】这壁厢高楼耸，那壁厢菜园青。错落高低恰正好相辉映。小巷内雨过泥泞不可行。好教人厮俱幸。休想做听流莺在柳堤花径。

【绵搭絮】俺也曾游访过禅林灵谷，拜谒了总理园陵。斜阳有恨，山色无情。白云霭霭，烟树冥冥。大古来人世凄凉少四星。山寺钟鸣蔓草青。更休赋饮恨吞声。向哪里护风云寻旧灵。

【幺篇】乌衣巷曲折狭隘，夫子庙杂乱喧腾。故家何处，燕子飘零。霎时荣辱，旦夕阴晴。当日个六代繁华震耳名。都成了梦幻南柯转眼醒。现而今腐草无萤。休讥笑陈后主后庭花。可知道下场头须自省。

【拙鲁速】我家住在绒庄街，巷口有小桥横。点着盏洋油灯。强说是夜窗明。这几日黄梅雨晴。衣履上新霉绿生。清晓醒来时也没有卖花声。则听见唰啦啦马桶齐鸣。近黄昏有卖江米酒的用小碗儿分盛。炙糕担在门前将人立等。我买油酱则转过左边到南捕厅。

【尾声】索居寂寞无佳兴。休笑这言词儿芜杂不整。说什么花开时三春觅句柳丝长。可知我月明中一枕思乡梦魂冷。

然而，命运再不堪，生活仍要继续。时间来到1948年底，国内局势骤变，国民党反动派败局已定。节节败退下来的国民党军队，准备着各种撤退事宜。赵钟荪的海军部队，也奉命开始撤退。

不久，因为局势紧，竟然连告别都来不及，叶嘉莹就随着赵钟荪的海军单位往台湾撤退了。与他们一起走的，还有赵钟荪的姐姐及姐姐的孩子们和婆婆。

姐夫包遵彭，因为工作没能跟他们一起撤离，但因在海军工作，权位高的他订到了一票难求的"中兴轮"统舱票。即便如此，也没有正式的票位，只能在船舱中打地铺。

"中兴轮"是从上海出发，开往基隆的。于是，他们一行人先从南京抵达上海，再从上海登船。

此时，叶嘉莹便如一只断了线的风筝，所飘何处，完全身不由己了，只能任由命运安排，随风放逐了。

或许这就是人生。许多时候，我们无能为力，只能接受。

《红楼梦》里,探春远嫁海隅,有一首伤感的曲子叫《分骨肉》:

"自古穷通皆有定,离合岂无缘?从今分两地,各自保平安。奴去也,莫牵连。"

那时的叶嘉莹,与此情景何其相似。交通、信息皆落后的时代,她这一走真的前路茫茫。

此后,她的人生更趋于悲苦的离乱和飘零之中了。

四处飘零

1

抵达基隆的时候，天还未亮。为了尽快抵达左营，他们没休息，便换乘火车从基隆出发。

当时，台湾交通不好。从基隆开往左营的火车车速极慢。他们天未亮就乘上火车，竟然到半夜十一点多才抵达左营。

抬眼望去，左营甚是荒凉。而他们从今往后就要驻扎于此，心跟着也有些荒凉。

一整天，他们没吃到东西，真是饥饿难耐。好在，车站旁边有一个小店，是竹子搭的棚子。

虽简陋，但有台湾炒米粉在卖。顾不了那么多了，一行人赶紧胡乱吃了一些，之后找了个小旅馆住下来。

第二天，海军单位派来辆车，将他们接了去。因为赵钟荪姐夫的关系，他们被安排在了海军宿舍，不至于在荒凉的左营流离失所。

客居于此，叶嘉莹是孤寂的。身无长物，又远离故乡，没有亲人朋友，连挚爱的书籍也在辗转颠沛中遗失了。无事可做，还无书可读，这让她空虚至极。

幸而第二年春天，北平故居邻居许寿裳在台大教书的儿子，听闻她也在台湾，就引荐她到了台湾中部的彰化女中教国文课。

时间来到了1949年，故乡正发生着翻天覆地的变化。而这里也在暗涌着一股巨浪，只是叶嘉莹身在其中而不知晓。

有了工作，她对生活又充满了希望。她是这样的人，凡事充满热爱，身上始终洋溢着的是积极的细胞因子。而彼时，她亦在孕育一个新的生命。

她住到了彰化女中的单身宿舍。单身宿舍要住两个人，她跟一个名叫张荣荪的教国文的女老师住在一起，隔壁住的是训导主任吴学琼和教国文的杨菁。渐渐地，她们相熟起来，相处融洽美好。

夏天来的时候，叶嘉莹于左营迎来了自己的第一个女儿。

恰逢暑假，叶嘉莹得以好好伴着女儿休息了一下。

很快暑假结束，好心的校长便邀她带着幼小的女儿住进了条件好的校长官舍。校长名皇甫珪人，人特别好，其先生远在台北师范大学任教务主任，仅自己带着儿子住在校长官舍里。当时，同住校长官舍的还有教数学的张书琴老师。其为校长当年于北平女子师范的同学，彼时她因丈夫留在大陆，而一个人带着女儿。

就这样，她们三个带着孩子的女人住到了一起。也好，彼此有个照应。

只是这趋于安稳的生活,很快会被打破。叶嘉莹沉浸在新生活、新生命的喜悦之中,但厄运暗涌翻滚,已在路上。

2

1949年12月25日,西方人的圣诞节。赵钟荪来彰化女中看望她们母女,校长官舍里一下热闹起来。她们三家一起吃了晚饭,还一起下跳棋。

谁知,次日凌晨天还未亮就有人敲门,进来不容分说地将赵钟荪抓了去。

后来,叶嘉莹知道,来人是左营海军的人。来之前,他们就把他们在左营的家给抄了。伯父写给她的那首诗,就是在那时被抄走了。幸而,顾随先生写给她的诗以及两封信,被她装裱成画,才没被抄走。

回看历史,她和那时的台湾正经历着白色恐怖。时年,败退台湾的国民党内部党政系统瓦解,经济恶化,人心骚动。处于风雨飘摇之中的台湾当局,为巩固自己的统治,便在岛内大搞恐怖、专制等统治,由此拉开了20世纪50年代的"白色恐怖"序幕。

"白色恐怖"打击的对象,涵盖知识分子、文化名人、军人、农民、工人,而左翼人士和社会民主运动人士则首当其冲。

独霸一方,他们觉得每个人思想都有问题。于是,就进行惨无人道的"肃清"。赵钟荪就是被怀疑有"思想问题"而被抓的。至于什么罪名,被抓到了哪里,叶嘉莹一直一无所知。她曾于当日慌乱之中,抓起旧衣作为女儿的尿布,带着只四个月大的嗷嗷待哺的女儿,坐火车回到左营,各方打听丈夫的消息,但皆未如愿。

没办法,她不得不带着年幼的女儿回到彰化女中,继续教书。然而,乱世之下,早就没有了安稳可言。

第二年夏天,即 1950 年 6 月底 7 月初。

短短几天里,彰化女中包括校长在内共有六位老师惨遭逮捕。当然,叶嘉莹不幸也在其中。

她们的罪名依然是模糊的,只是"思想有问题"之类,也是因为有人告发,理由甚是充分:其一,跟训导主任吴学琼同屋的杨菁已被关起来;其二,叶嘉莹的丈夫也因为问题被抓了,且还是在彰化女中被抓走的;其三,校长的叔叔本在彰化女中教国文,突然回了大陆。

其中任何一条都可以将她们定罪。

她们被关进了彰化警察局,被要求写自传、写自白书。她们都写了后,还要被送到台北宪兵司令部去。

叶嘉莹一听,急了。她还带着个吃奶的一岁多大的女儿,到了台北宪兵司令部真的就凶多吉少了。于是,她抱着孩子去找彰化警察局局长。女子本弱,为母则刚,说的就是这般吧;反正最坏的结果也想过了,搏一下或许还有更多机会。

面对警察局局长,她勇敢地辩解了一番,大意是说:自己的先生已经被抓了,一个人还带着吃奶的孩子,在这里无亲无故,若被送到台北,万一有什么事怎么办?在这里,好歹还有同事和教过的学生,有什么事多少有些照应。所以,请求警察局局长把她关在彰化警察局吧,反正也跑不了。

老天保佑，幸亏她走了这一步。过了没多久，彰化警察局的人把她先放了出来，而校长她们几个被送到了台北。

原来，这个警察局局长毕业于辅仁大学。因着辅仁大学校友的缘故，他吩咐将叶嘉莹母女释放了出来。

说来也真是不幸中的万幸了。不过，当时的叶嘉莹却并不知晓这个原因，她也是很久之后才知道的。所以，当时出来的她很是惶恐不安。

彼时有人劝她：带着孩子千万别在彰化女中待了，这里发生这么多事，万一哪天又把你抓了去怎么办？

离开吧，她也这么想。于是，就辞掉了彰化女中的工作，带着女儿回到了左营。

可是，离开已然不是轻巧之事。时局乱，离开，意味着颠沛流离；离开，意味着寄人篱下。

3

回到左营，她已没了家。工作以来，她始终住的是学校宿舍；而左营的宿舍已然被查封。不得已，她只好带着女儿投奔了赵钟荪的姐姐。

后来看，这真是一段寄人篱下的悲苦时光。

初到台湾不久的赵钟荪姐姐一家，生活也处于窘迫之中。一家祖孙三代五口人，挤在一处日式的小房子里，只有两间很小的卧室，姐姐、姐夫住一间，婆婆带着两个小孩子住一间。可以说，也是自顾不暇。

如此，叶嘉莹带着孩子根本无房间可住，只能暂时睡在走廊里了。走廊很窄，自然没有床铺可以支，就是到晚上打个地铺将就。但是，总算勉强有了一个安身之所。

那时，姐姐一家都有午休的习惯。因此，每天中午一吃过午饭，叶嘉莹就慌忙抱着女儿到远处的树下转悠。吃奶的小孩子，睡觉肯定不那么准时，她担心孩子吵闹到人家。

那时正值七八月份。台湾的夏天，尤其是台湾南部高雄、左营的夏天，真的是炎热难耐。可是，又有什么办法呢？

身不由己，她必须带着孩子这样熬。更何况，在这里，因为姐夫仍在海军单位工作，赵钟荪毕竟是被左营的海军给抓走的，还有一线希望可以打听到先生的消息。

有时候，她会抱着女儿在大太阳底下走好远好远的路，来到军营办公室打听先生的消息。虽然每次都一无所获，但是心里总觉得有希望在。

白天都如此难熬了，晚上更甚。

小孩子还好说，随便放一个地方先睡，但是，她一个年轻女子，就得等人家都睡了，才能铺自己睡的地铺。说是地铺，其实就是一张毯子。除了要等，还要忍受蚊虫的干扰、酷热的空气，往往睡下时已经半夜三更了。

第二天，她还要早早地起来，趁大家没有起来，就把铺在地上的东西收拾干净。日子过得真的是压抑又小心翼翼。

这样的日子很容易就会让人崩溃。叶嘉莹当然也不例外。许多个

无眠的深夜,她抱着女儿泪流满面。后来,她曾作《转蓬》诗,来将此情状述:

> 时外子既仍在狱中,余已无家可归。天地茫茫,竟不知谋生何往,因赋此诗。
>
> 转蓬辞故土,离乱断乡根。
> 已叹身无托,翻惊祸有门。
> 覆盆天莫问,落井世难援。
> 剩怃怀中女,深宵忍泪吞。

生活有时就是这般,人在其间,渺小而无能为力。

而彼时的叶嘉莹,应是孤独至深的。她没说,亦没用诗词来表达,只是藏在了她的心里。

可能某个夜半惊醒,听到风声;亦可能某个凌晨醒来,听到雨落,那至深的孤独就渗透而来,袭满她身。

诚如作家黄碧云所言,在某一个时刻"我们每个人都是一条孤独的鲸鱼"!在生活中,我们不得不"如鲸向海,避无可避,退无可退"。

盛大救赎

1

时间来到 1950 年的 9 月，父亲获悉了她的近况，于是，就联系她让她住到自己台南的宿舍去。

原来，1949 年初，父亲跟随所在的中国航空公司撤退到了台湾。父亲是人事科长，当初带着第一批工作人员先撤退到了台南，为在台湾重新组建"中国航空公司"做准备。只是同年 11 月，发生了著名的"两航"起义，"中国航空公司"和"中央航空运输公司"的十二架飞机从香港启德机场起飞，飞回了大陆，就此，重新组建"中航"计划瓦解。

当时，父亲本也打算回上海看看，谁知走到基隆，人家不让他上船。无奈之下，他只得原路返回。

此时，父亲和已经到台湾的"中航"工作人员领到一笔遣散费，就全都被遣散了。因为父亲是航空领导，他们临时给他安排在了台北的物资调节委员会。去往台北的父亲分得一处与其他人同住的宿舍，如此，他在台南的临时宿舍就空了下来。

于是，叶嘉莹带着女儿离开了左营赵钟荪姐姐家，来到了人生地不熟的台南，总算有了栖身的地方。陶渊明言"敝庐何必广，取足蔽床席"，确实，人有了栖身的地方，就有了生存的底气。

尽管那时她还没有工作，一个人生了病起不来床，硬是带着吃奶的女儿在床上磨了好几天。

可那又如何！慢慢好了起来的她，又是刚强的女子一个，没有什么可以打倒坚强的她。

时光永不辜负每个坚强生活的人，终于一切有了转机。是年，新学期来临的时候，她的堂兄介绍她到台南一所私立学校——光华女中教书。他本在这所学校教书，因又找到一个在省立学校教书的工作，就把叶嘉莹介绍到了光华女中。

叶嘉莹生活有了曙光。

很快，她带着女儿来到光华女中，住到了一个大宿舍里。学校给教职员都配备有宿舍，这也是当初她辞了彰化女中的工作后，一下子就无处可住的原因。

宿舍是日据时期留下来的建筑，是一个统舱式长条的大房子。房子中间是通道，两侧是住房，屋顶上还可看见木头的梁柱。每侧各住有两家，拉开门即是地板，地板上是铺着草席的日式榻榻米。叶嘉莹买来一张小竹床，用来跟女儿睡。

做饭要在通道里。叶嘉莹用自己买来的一个小煤油炉做每日的饭菜。因为过道没有专门放备菜的地方，她就将切好的菜、擀好的饼或面条放进房间榻榻米上的小桌子上，然后下去点炉火。谁知，每每回身便看到备好的食材被刚满周岁的女儿抓得到处都是,她常常得重新来过。

但是,她不会为此懊恼。与女儿能够如此相依为命,她倍觉欣慰。

后来,她找了一个台湾本地的女孩来帮她带孩子。女孩请假的时候,她就带着女儿一起去上课。

把女儿放在教室后的一个空位上,然后再给她一张纸、一支笔,让她在那儿乱画。女儿很乖,从不吵闹,只在要尿尿的时候,忽然对她说:"妈妈,我要尿尿。"于是,叶嘉莹就会暂停讲课,飞快地带着女儿去厕所。那时她的学生们都很理解她,亦爱戴她,对于这些从不说什么。

就这样,她一边独自带着孩子,一边教书。虽日子清贫、辛苦,却倍觉欣慰。

毕竟,她能凭一己之力为自己和女儿撑起一片天,这是让人愉悦的,亦是让人有尊严的。面对生活的磨难,她始终信奉《中庸》中说的"素富贵,行乎富贵。素贫贱,行乎贫贱"。故而,她什么苦都可以吃,什么事情都可以干。

而这一年,叶嘉莹仅二十七岁。

2

一个年轻的女子,独自带着一个周岁多的幼儿,整年也不见先生出现,是容易招来闲言碎语的。毕竟,有人的地方,就有人言是非。

面对此,叶嘉莹也没办法跟人解释,而是自己默默地承受着。总不能对人家解释说,自己的先生因为"匪谍"嫌疑被关起来了,如此,学校哪还敢聘请她。

而被解雇,就意味着无家可归。于是,她选择沉默。也好,不回应,他们也只是无端地揣测而已,而不至于出现更坏的结果。就这样,足足过了三年。

此三年间,她有词两阕,可以将那时的心境抒发淋漓。

一阕是《浣溪沙》,写于1951年,如下:

> 一树猩红艳艳姿,凤凰花发最高枝。惊心节序逝如斯。
> 中岁心情忧患后,南台风物夏初时。昨宵明月动乡思。

台南有一种花木,名曰凤凰木。

"叶如飞凤之羽,花若丹凤之冠"的凤凰木,枝干高大,树荫茂密,如北方的槐树,每到夏天就会开出很大很大的红色花朵,艳红一片,煞是好看。

这是台南夏日最美丽的一道风景。

如是风景,令彼时的叶嘉莹触动颇多。因此,她赋词《浣溪沙》一阕,言喻的是如此美景之下悲情的自己。

凤凰花开,如此的美,但她却"惊心节序逝如斯"。自1949年冬赵钟荪被抓,1950年夏她又被抓,到如今已是1951年的夏。又一年过去了,赵钟荪还没有出来,岁月就这样流逝,她的生活更加苦痛忧患。

彼时她年仅二十七岁,却倍觉已到"中岁",是疲惫的心已苍老。身在异乡,会倍思故乡;苍老的人更是如此。她想念从前在北平的生活以及亲友了。

诗言志，词亦如此。她那时的境遇、心情皆跌至冰点，和花开正艳的凤凰木形成了巨大的反差。

再一阕是《蝶恋花》：

倚竹谁怜衫袖薄。斗草寻春，芳事都闲却。莫问新来哀与乐。眼前何事容斟酌。

雨重风多花易落，有限年华，无据年时约。待屏相思归少作。背人划地思量着。

此一阕词作于1952年，彼时赵钟荪还毫无音讯，她仍一个人带着女儿生活在台南。她想到了杜甫写过的《佳人》诗："天寒翠袖薄，日暮倚修竹。"杜甫诗中描述的战乱之中，与亲人失散的孤寂女子，正如她自己。远离了亲人、故乡，生死苦痛便没有谁会来同情、怜惜了。

当年于北平，虽战乱却有老师、同学，春来还可以一起去颐和园游春，而如今，这些美好的事情皆成过往，美好的生活只成追忆。

莫问悲哀还是快乐，艰苦的生活面前，就是悲哀都不许你悲哀了。

生活逼仄，迫在眼前，你别无选择，只能如提线木偶。遭受如此多苦难，憔悴也罢，消瘦也罢，能勉强活下去已属不易。世间微尘，自己也不过是最平常的花一朵，阳光中花开，风雨中花落，一霎间就已零落凋残，过往梦想亦皆成空。

也罢，做梦只是少年的事，而今，她早已没了做梦的资格。就让一切都随风吧！只是每当夜深人静，每次午夜梦回，那些曾经有过的梦想就又会浮上她的心头。

读完这两阕词，让人好想安慰一下那时的她——那个孤寂的、苦痛的、瘦弱憔悴的她。在这世间，她遭受太多磨难了！

3

1953年，赵钟荪得以释放，他来到叶嘉莹居住的宿舍。来的那天，叶嘉莹的宿舍窗子外围满了好奇的学生，毕竟他们热爱崇拜的叶老师的另一半一直是个谜。大家都好奇地看着赵钟荪，议论纷纷。

时值黄昏，窗外好生热闹。可是，这热闹的背后，却没有衍生出快乐来。反而，回来的赵钟荪将生活变得更糟。

回来的赵钟荪已然不是当初承诺照顾她一辈子的赵钟荪了。

三年牢狱之灾杀死了他的温柔，释放了他的暴戾。性情大变的赵钟荪，将骨子里隐藏的软弱和无能全都释放出来，还经常酗酒。这就罢了，乖张暴躁的他还会把火气撒在妻子身上，从最初的恶语相向，到最后的拳打脚踢，总是将自己的威风耍尽。

叶嘉莹就是在这样的情况下迎来了自己的小女儿。

生产非但没有带来改观，反而招致重男轻女的赵钟荪更多的恶语相向。当听到又是个女儿时，他竟然连叶嘉莹问"几点了"也懒得回答，就扭头走掉了。面对如此冷漠的赵钟荪，叶嘉莹只能将泪水往肚子里咽。

产后，叶嘉莹身体很虚弱，还患上了气喘病，然而，她兼的课程颇多，每天下课好像气血精力全都耗尽了般，连呼吸都觉得很费力。

据说有一次，她与学生们讨论功课回家晚了，在家勉强烧了顿饭的赵钟荪竟还将锅碗瓢盆全都摔在了地上。

如是生活,是令人窒息的,于叶嘉莹而言更如是。自幼生活的大家庭是和睦的,充满琅琅诗声的,而且,不只父母感情甚笃,伯父伯母二人亦如是。家里从来没有谁大声讲话。在她诗意的心里,家庭都应是这般。

然而,一切都成了虚幻的想象。赵钟荪用自己粗暴的言行将婚姻生活美好的样子打得稀碎。遭受如此,叶嘉莹心生绝望。曾经生活多困苦,遭遇多少磨难,她都可坚强面对,然而这一次她第一次生出难以忍受之心。于是,她想到了自杀。

然而,在打开煤气前的最后一刻,她停住了手。

此际,她想到了一双年幼的女儿、年迈孤苦的老父亲,亦想到了她挚爱的诗词。

这一次,仍是诗词将她救赎。

"风吹瓦堕屋,正打破我头。瓦亦自破碎,岂但我血流。我终不嗔渠,此瓦不自由。众生造众恶,亦有一机抽。"她于夜阑人静,悲伤、茫然而不能寐时,突然看到王安石这首《拟寒山拾得二十首》,不由一怔。

不如意的赵钟荪,不正是那块被风吹落的瓦?他可恨而可怜,一样身不由己。自己在婚姻中头破血流,他又何尝获得了欢愉?

"众生造众恶,亦有一机抽",这让她获得宽慰,仿佛一下子就活了过来。世间万物皆有自己的恶,就像瓦虽然砸中了你,但你不要怪它,它自己也碎了,它不是自己想掉下来的。既然改变不了赵钟荪,那么不如选择原谅。

随后的日子，她便与自己和解，亦包容了赵钟荪。反正没有爱的婚姻，没有真正的思想共鸣，那么，跟谁过都一样，不过都是"过日子"罢了。过好自己的人生才最重要。如是，生活得以一天天挨过。

也是，芸芸众生，生活又曾放过了谁？唯有自我"盛大"，才能将自己拯救。她深深懂得，亦如此去做了。

4

她的恩师顾随先生于 1960 年去世。

幸而那时跟她早断了音讯，不然，要是了解到她之状况，定然会痛心不已的。顾随先生一生最喜欢两个学生，一个是周汝昌，一个就是她。有生之年，他得以看到周汝昌的成就，然而，却遗憾没能看见叶嘉莹的。

在他晚年之际，叶嘉莹——这位稀世才女，正在照顾孩子、烧饭洗衣、打理杂务，被无穷无尽的琐事所淹没。

那时叶嘉莹的生活实苦。她为了给赵钟荪找份工作，而答应了曾任彰化女中训导主任的吴学琼的邀请，到台北二女中教书。如此，出来后一直没有工作的赵钟荪在吴学琼的帮助下，得以在台北近郊的二女中分部教初中国文。

他们全家搬到了台北。在二女中，叶嘉莹不仅教两个高中班国文，还兼做了一个班的班导师。国文班一个班就有六七十人，每两周有一次作文课，每个班的作文都要改，且二女中规定班导师还要看学生们的大楷、小楷、周记、日记。此外，她还兼职在自己参加的一个教会教主日学。

如此一来，她真的是每日忙得不得了。那时的她特别瘦弱，还有气喘病，体重不足九十斤。当时，有女同事对她说，她都不敢碰她，怕一下子就会把她的手臂拉断。

然而，这样的日子她却不觉得苦。她每日热情地投入到自己热爱的教学上；她依然是台北二女中最受欢迎的国文老师；她的工作不仅得到了校长的认可，亦得到了台北教育主管部门督学的赞扬。

由此，工作成了她生活中的蜜糖。更让她欣慰的是，到台北后老父亲就跟她住在了一起。父亲住一间房，他们夫妇和两个女儿住另一间六席的日式房子。地方不大，略拥挤，她亦没有单独读书备课的地方，然而一家人终于能团圆，于她是满心欢喜的事情。

那个时候，最让叶嘉莹心灵平静的地方，是房间过道的那一张小木桌。每日，她在这里读书、备课、吟诗、诵词。这方寸之地，就此背负了她的疲惫灵魂，给她以安宁、安慰。而后多年，她亦在这里完成了自己的许多文稿。

这一年，叶嘉莹三十岁。经历过生死离别、颠沛流离，还经历过战乱、白色恐怖，更经历了不美好的婚姻，然而，于时光里坚韧的她，终兀自"盛大"，用挚爱的诗词救赎自己，亦获得生活的热爱。能如是，她深感欣慰。

倾谈五 光阴·栖息台大

她像不惧风雨的木棉花,于时光荒野里,不萎靡,亦不褪色。

有缘台大

1

人生没有走不出的沙漠，只要你不绝望、不放弃！

那时的叶嘉莹没有在失败婚姻中喋喋不休，被困在婚姻的枷锁里，而是活成了另一种女性，自己生出骨骼骄傲地站直。

这样的叶嘉莹令太多的人去爱。她一边负担着繁重的生活，一边用尽所有时间、心力，去钻研自己热爱的诗词事业。

不囿于悲伤，是她灵魂的底色。

时间来到了1954年。这一年，她得到许世瑛和戴君仁的引荐，进入台湾大学执教。此二位是她在北平时的故交。许世瑛是鲁迅先生好友许寿裳之子，其启蒙老师乃为鲁迅先生。

早在北平，他们就相识，许世瑛刚结婚时就租住在叶嘉莹家外院的南房。那时叶嘉莹是高中的女学生，许世瑛是辅仁大学的教授。虽说那时他们没有什么正面交集，但是，叶嘉莹每日琅琅的诗文吟诵声吸引了许世瑛不少注意。

待到叶嘉莹考入辅仁大学，仍执教于辅仁大学的许世瑛虽没有直接教授叶嘉莹，但是对于总考第一的学霸叶嘉莹，亦是听闻的。

总之，他对叶嘉莹的印象极其深刻。

初到台湾的叶嘉莹，就是给许世瑛写了一封请求他帮忙找一份教书工作的信，才得以到了彰化女中。

戴君仁先生则是叶嘉莹于辅仁大学就读时大一的国文老师。由于性格羞涩，当年作为学生的叶嘉莹见到戴君仁老师，除了行见面礼外，从不敢随便跟老师谈话。然而，戴君仁一直颇赏识这个文采斐然的学生，且赞其作文为"反覆慨叹，神似永叔"。自然，他对叶嘉莹的印象亦深刻非常。

赵钟荪出事后，因怕牵连他们，她跟他们断绝了联系，在最孤苦无助之际也没有去联系他们。

等到赵钟荪出狱后，他们一家来到台北，她便迫不及待地去拜访了他们。此时，他们二位皆在台大任职，而恰巧此际台大招收了一批华侨学生，他们正想找一个普通话讲得好的老师去教这批学生国文。生于北平、长于北平，国文功底深厚的叶嘉莹自然是首选了。于是，他们一起向台大推荐了她。

起初，叶嘉莹兼任台大一个班的国文。一年后，台大给了她专任的聘书，要教两个大一班的国文。

如此一来，她是忙不开了。二女中的两个高中班的国文，加上一个班的导师，再教两个台大大一班的国文，确实分身乏术。于是，她要辞去二女中的工作。然而，二女中时任校长王亚权说什么也不放人，一番商议下，仍让她把所教的两个高中班的学生带到毕业。

无可奈何之下，叶嘉莹只得越来越忙碌。但忙且快乐，因为这是她热爱的。

2

两年后，叶嘉莹正式离开了女二中。而后，她专心于台大的教学，内心也是大大地松了口气。可是，还没真正轻松下来，许世瑛先生找到了她。彼时，许先生离开了台大，担任淡江大学中文系主任。

此来找她，是邀她去淡江大学教中文系二年级第一班学生的诗选课。对于许先生的邀请，她自是盛情难却，不好推辞。谁知，这一接下来，淡江大学陆续增开了三年级的词选和四年级的曲选课，而这些课许先生也全都交给她去讲授。此外，她还在淡江大学开过杜甫诗、陶谢诗、苏辛词等课程。

她正在台湾大学和淡江大学两所大学里忙得不可开交之际，戴先生又来了。原来，她的母校辅仁大学在台湾复校了。作为元老，戴先生被聘请去做了辅仁大学中文系的主任。

于是，他一上任就来邀叶嘉莹去辅仁大学教诗选、词选等课程。辅仁大学是叶嘉莹的母校，她自然感情颇深，加上又是自己爱戴敬重的戴先生邀请，当然，她无法推辞。如此，她一人身兼台湾大学、淡江大学、辅仁大学三所大学的教学工作。

说来，三所大学的课业真的是太重了。在台大，她教一个班的大一国文，还教一个班的历代文选，且选课的学生人数很多，除了备课外，批改作文要花去很多的时间；在淡江大学，她不仅要教诗选、词选、曲选、杜诗等课，还教一个夜间部的课；在辅仁大学，课业也不轻松，诗选、词选课都有。

于是,她找到戴先生,告诉他自己实在太忙了。戴先生看着非常瘦弱的她,觉得如此下去不是办法。于是,他亲自去找了台湾大学中文系主任台静农先生。两人一番商议下,免去了她在台大教的要批改作文的课程,而改开了一门杜甫诗的专门课程。为了让叶嘉莹在备课上能减负,戴先生还将自己在台大担任的诗选课也让给了她去教。

如此,叶嘉莹在台大、淡江、辅仁三所学校所开的课程就基本一样了,在减轻负担的同时,还更有利于她在专业方面的提高。教书成为一件至为愉悦的事情。

后来,许世瑛先生又来邀约。原来,许世瑛先生因为高度近视,看东西越发费劲,原来书稿放到鼻子上还能看见,如今连这样也看不清楚了,他在广播大学教授国文课就显得越发困难了,于是,他想让叶嘉莹接了这门课。

起初,忙不过来的叶嘉莹委婉地拒绝了,不料许世瑛先生韧劲很大,用半年的光景来鼓励和坚持,让叶嘉莹接手。没有办法,叶嘉莹答应了,虽然有所勉强,毕竟初到台湾时幸亏许世瑛先生帮忙,她才于人生地不熟的台湾得到了第一份工作。

就这样,她在台北的教学生活既忙碌又充实。除却生计解决之外,她获得了更多。那是精神的,无法用金钱来衡量的,就如"一个人在走廊日影下,用竹绷撑起月白薄绢,悠悠用丝线穿过细针,绣上鸳鸯、牡丹、秋月、浮云……"

人生所有的美意,全来自内心。

静农先生

1

叶嘉莹与台静农先生的相识，最早缘于恩师顾随先生。那年，叶嘉莹将要跨海来台，曾写信告之恩师顾随，于是，顾随先生便回信向她介绍了几位在台湾任教的友人。其中就有时年于台湾大学任教的台静农先生。另外还有郑骞先生和李霁野先生。顾随先生信中还特意附上了几位的介绍名片，且嘱咐她到台湾后一定去拜望他们。

然而，从台湾南部高雄附近的左营，到台北，距离是相当远的，且交通特别不方便。故而，到台湾后她并没有立即去拜望他们。

得以去拜望他们是在1949年的初春，借着偶然去台北办事的机会。那是叶嘉莹第一次见到台静农先生。面对自己一直仰慕的老师，当时的她并没敢跟静农先生做过深的交谈。不过，她深记得他的和蔼可亲。

而后她回到左营，又经历了丈夫被抓、自己被抓等一系列的变故。匆匆一晤后，她就再没机会与静农先生有何交集。

直到1953年，一切变故得以平息，她也从台南辗转来到台北二女中执教，她去台大拜望许世瑛和戴君仁两位老师后，才有机缘再和台静农先生有了交集。

这一交集让他们在台大成为同事。

台静农先生时任台大中文系主任。当许世瑛先生和戴君仁先生听闻叶嘉莹的遭遇后，一致向台静农先生推荐了叶嘉莹。说来，关于叶嘉莹的情况，彼时的台静农是一无所知的，但是，当许和戴两位先生将叶嘉莹所作的旧诗词拿出来时，他立马被吸引了，而后就聘用了她。

对于台静农先生，叶嘉莹一直是仰慕的，一如对顾随老师般。作为新文化社团"未名社"的领军人物，台静农亦是鲁迅先生的弟子。他倾心致力于白话小说、散文和新诗创作，被鲁迅赞誉道："要在他的作品里吸取'伟大的欢欣'，诚然是不容易的，但他却贡献了文艺；而且在争写着恋爱的悲欢、都会的明暗的那时候，能将乡间的死生、泥土的气息，移在纸上的，也没有更多、更勤于这作者的了。"

自1927年8月起，台静农被导师刘半农推荐，出任北京中法大学服尔德学院（即文学院）中国文学系讲师后，即开始了他的杏坛生涯。他曾辗转南北，先后执教辅仁大学、北平大学女子文理学院、厦门大学和青岛山东大学中文系，直至抗战爆发。

1946年，应当时台湾编译馆馆长许寿裳之邀请，台静农携眷渡海来台，先任编译馆编纂，后随许寿裳转至台湾大学中文系任教。

作为一系之主，人情请托，总是不可避免遇到。但是，他从不为"八行书"所左右，就连时任校长的傅斯年，亦如是评价他——"刚正不阿"。故而，师资聘用，他完全秉承当年北大之风气——任人唯贤，只论学问，不论资历。正因为此，聘用叶嘉莹，并非因她是故交之弟子，亦非因老友之所托，而完全是叶嘉莹自己之学识打动了他。

台静农曾说："当时我对她的情况并不清楚，看了她所作的旧诗词，实在写得很好，我们系里需要一位真能作旧诗的先生来教诗选，就请了她，没想到她这么会教书。请来以后，大受学生欢迎。"

恰遇台静农先生，于彼时的叶嘉莹而言，是为幸运。

来台湾后，她曾经历万千忧患的日子，也曾什么都放弃，苟延残喘地活着，更曾一个人千辛万苦历尽精神上、物质上的苦难……

然而，逢遇许世瑛先生、戴君仁先生、台静农先生之后，她的事业就此明朗，而她的世界亦就此有了指引。而后岁月，她驰骋于她挚爱的诗词事业，如鲸入海，就此有了依附。

从此再不飘零若浮萍！走过几多路，再不孤独！

2

与静农先生相识相交，叶嘉莹一如沐浴春风般暖煦。

初到台大任教时，按照学校规定，她需要上交一些自己的学术作品给学校审查。然而，一直挣扎在生计边缘的她确实没有专有学术拿得出来。所以，当许世瑛先生来她家向她要送审作品时，她也只匆匆忙忙地找到一册油印的旧诗词稿，以及在赵钟荪姐夫包遵彭主编的刊物《幼狮》上刊登的几篇诗词赏析短文和他们为她编印的一本小书。

匆忙之中，作品没来得及整理，就被许先生拿走了。

不久，评审通过；再不久，这些资料回到她手中。只是，回来的资料已被剪贴得整整齐齐，且编订成一本小册子。这让她心惊又感动不已。她知道，这肯定不是许先生做的，因为许先生是个超级大近视，看东西都要架到鼻梁上看，断然是做不来这样的整理的。

这一定是静农先生做的。因为在这本剪贴整齐的小册子的封面上，还有他亲笔书写的篇目。只是心有羞怯，后来她与静农先生见面多次，都不知如何提及这件事，也不知如何才能将感谢的话说出口。

直到多年后，静农先生去世，她都未能表达出一个谢字。这亦成为她心中的憾事一桩。

不过文人相交，惺惺相惜最重，谢意反而不用说出口。

多才的静农先生写得一手好书法，亦喜欢联语。一次，他看到叶嘉莹写的两副挽联后，就将这份喜欢放在了心里。不久，他就打电话给叶嘉莹，让她来自己家一趟。

于是，叶嘉莹去了。一进门，他就跟叶嘉莹说：于右任去世了，我要写一副挽联，你帮我作一副吧。这之后，他亦常叫叶嘉莹为他拟写一些联语，比如秦德纯、董作宾、溥心畲、张贵永等几位去世时，他所送的挽联皆是叶嘉莹代作的。

此外，他还将自己所珍藏的几册与联语相关的书借给叶嘉莹参阅。

因着联语，他们之间有了更多交集，叶嘉莹亦少了许多拘谨。

他们之间的交谈亦多了些。某一次，叶嘉莹跟静农先生谈到自己梦中所得的一副联语。要搁过去，她绝不会如此打开心扉将自己的任何心绪流露。然而，于静农先生却不然。她渐渐会在他面前侃侃而谈，谈联语，亦谈诗词。

这副联语,是赵钟荪和她相继遭受白色恐怖拘囚之后梦到的,即:"室迩人遐,杨柳多情偏怨别;雨余春暮,海棠憔悴不成娇。"静农先生听后,立马拿来笔墨纸砚,大笔一挥将它写了下来。一边写还一边说,自己也曾于梦中得到过诗句。不过,他没说梦到的具体诗句,叶嘉莹亦没有深问。然他们之间因着梦中所得的联句、诗句,惺惺相惜之意颇深。

没几天,叶嘉莹收到了大大的惊喜。

台静农先生竟然亲自带了镜框来到她家。原来,静农先生将她那日所梦联语写好后,又用黄色细绫装裱成了一个极为精美的镜框。这样的静农先生,怎会不让叶嘉莹敬佩又感激呢!

不过,平日里他们走动不多。

于叶嘉莹而言,她作为一个普通教师,老跑系主任家是不好的。故而心怀自远之意,很少到静农先生家。

然而每次去,却都有欣喜在。有一年的春天,她因事到静农先生家里去。一进门静农先生就热情地招呼她在自己写字的桌子前坐下,自己跑到后面去了。稍一阵,叶嘉莹就看见抱着一大捧鲜花的静农先生出现在自己面前。只见他高兴地说:"你看我家后院的花都开了,我剪下这些你带回家去插花吧。"

这样的静农先生是豪迈的,亦是爽直的,然他还极有敏锐、细致的一面。面对如此静农先生,生性羞怯、不善言辞的叶嘉莹虽不曾当面向他言谢,但是内心谢意有万千。

有些谢意,是不必说出口的。诚如她自己所言:"虽然我对台先生很少言谢,但我觉得以先生的豪迈,必不在意我是否言谢,而以先生的敏锐,我虽不曾言谢,先生也必能感知我的谢意。"这就是知己友人!

许多事情皆深懂,又能共情。

对叶嘉莹的人生而言,前行的路途上能逢遇如此亦师亦友的人,亦是为幸!因为,他们是灯塔,照亮她要走的路!

如是,真好!

弟弟学生

1

认识叶庆炳,是叶嘉莹刚刚到台大教书的时候。彼时,叶庆炳刚从助教升为讲师不久。叶庆炳是至为优秀的青年,自少濡染传统文化的他有志于教育,于1945年入江苏学院就读中国文学系,后因胞兄在台遂于1947年辞家赴基隆,并考入台大中文系二年级,师事台静农、郑骞诸先生。

因为是郑骞先生的学生,故而在升为讲师后分在郑先生在的第四研究室。叶嘉莹任教台大后亦被分配到第四研究室。缘分如是悄定。

在一个研究室的两人,随着见面多而逐渐熟悉起来。某一天,他们偶然间谈起年龄,叶嘉莹发现叶庆炳小自己两岁,与自己的大弟同龄,遂亲切感顿生。

身在异乡,叶庆炳也如此。同姓叶,故而叶庆炳从那天之后,就将叶嘉莹称为自己的本家大姐。此后,学校里的琐事,他都抢着帮叶嘉莹处理。

那时叶庆炳还没有女朋友,因而每逢假期他就会跑到叶嘉莹家去,帮忙做这个那个，偶尔还会带着叶嘉莹的两个女儿外出去看电影。他认为自己与叶嘉莹是一家人了。

他是个热心肠的人，对师友同学间的情谊看得极为珍重。话说，当年郑骞夫人患病住院，他几乎每日都到医院探望，直到郑师母去世。另外，很多事也都是由他帮忙料理的。

这样的叶庆炳，叶嘉莹是欣赏的。她素来不善表达，虽叶庆炳一口一个家姐地叫她，她因拘谨而一直没有正面回应，然而，她内心是将他认同为自己的弟弟的。

叶庆炳和她一样，除了在台大教课，也在淡江大学兼课。如此，他们相处的机会就多了。时年，任淡江大学中文系系主任的许世瑛先生对后学晚辈们至为关爱，经常组织大家小聚，对于叶庆炳找女朋友的事儿更是关心。其实叶嘉莹内心，也是颇为自己这个弟弟而着急的，奈何交际有限，所认识人不多，只能着急于心了。

欣喜的是，经人介绍，叶庆炳认识了东海大学中文系毕业的高才生赖月华，如是才解了叶嘉莹的心事一桩。赖月华文静贤淑，是很好的妻子人选。不久，叶庆炳喜娶赖月华，一桩才子佳人的良缘深结。

当时，叶嘉莹携家眷一起去吃了喜酒，心中深为他们彼此择偶得人而感到欣喜庆幸。

只是后来距离隔开了相聚。叶嘉莹自1966年应邀赴美国密歇根大学和哈佛大学任客座教授后，他们的相聚就变为奢望。

1988年，他们有一次小聚。那时，叶嘉莹第一次回台讲学，而专门到他家去探望他们夫妇。当天，叶庆炳曾热心邀请叶嘉莹暂住他的另一处住房，但被叶嘉莹婉拒了，叶嘉莹素来怕给别人添麻烦。

再一次相见是在 1993 年。叶嘉莹回台湾参加"中研院"文哲所的一个国际词学会议。词学会议当天，因与会人数众多，他们只忙得彼此打了声招呼。第二天，叶嘉莹到台大中文系做了一次演讲，演讲结束后的晚宴上，她才见到了叶庆炳。本来，叶嘉莹是想借此机会好好跟叶庆炳叙叙旧的，谁知他坐在了餐桌的另一端，因而没能多谈。

那日最令叶嘉莹感到遗憾的是，在这一次的聚会上，他们不仅没能畅谈，且没能留下一张纪念的照片。因为，当晚拍照的柯庆明镜头大多只对着餐桌上叶嘉莹在的一端；叶庆炳坐的另一端一直没一并收进去，当叶嘉莹意识到这一点提醒他时，底片却恰巧用完了。

就这样，一次难得的聚会，留下了诸多的遗憾。

这于叶嘉莹而言是难过的，更令她难过的是这次聚会竟然成了她和他的最后一次见面。

后来一提及叶庆炳，她总觉得心有亏欠。

不过，这就是人生吧！总会有几多遗憾，生活也不会事事圆满。

有些人，我们记在心底便好。诚如她曾写过的"死生亲故负恩深"句子，对于师友们的感念，她是永铭于心的。

对于这个弟弟，亦然！

2

为人师表，叶嘉莹内心常怀一泓温暖学生的温泉。

多年来，她虽遭遇了一些不幸，但从她起初教书，学生们就对她非常好。在大陆是，到台湾亦是。于台大，更有一个学生对她特别好。

该学生名陈槐安，台湾人，家在台南，自己租房子在台北住。

起初，叶嘉莹并不了解他的身世，他只说想要到她家里，感受一下母亲跟小孩的感情。于是，他常常来，还常常带叶嘉莹的两个小女儿玩。久了就熟稔起来，熟了后他就向叶嘉莹倾吐自己的身世。

原来，他很小就没有了母亲，而继母对他很不好。这样的他，是孤寂的、寡言少语的。这样的他，亦是十分渴念母爱的，而他常常来，是因为在叶嘉莹这里感受到母亲般的温情。于是，后来他就一直把叶嘉莹视为妈妈。

拥有了"母爱"的他，仍是羞怯的。若是在同学面前，他不敢叫出声来，而是把嘴一闭，然后张开，做出发"妈妈"声的口型。

私下里，他叫得亲昵而又有娇气。一次，他像个孩子一般激动地打电话给她，说："妈妈，我在院子里种了一棵树，你来看看吧。"

她问："你种的树多大多高？"

他说："跟我一样高。"

结果，她去了一看，只见一棵小树苗种植在地上。心，瞬间酸楚。这高大的孩子，竟然把自己想象成一个那么小的小孩子。

母爱的缺失，使他失去太多的安全感。叶嘉莹对这样的他，是多了许多爱护的。她知道他是未长大的孤独小孩，需要很多很多爱来呵护。

而他，是真把叶嘉莹当作自己的妈妈来爱的。那时，叶嘉莹于台湾大学、淡江大学、辅仁大学三所大学教书，很是忙碌，而赵钟荪当时又在二女中汐止分部教书，不能常回来，因而，家中一老二小她都要自己来照顾。陈槐安知晓这些，常来帮忙做一些力所能及的事情。

此外，他还每天为叶嘉莹占座位。那时，叶嘉莹去上课都要搭乘公共汽车，可是，中午或下午下课的时间段，公交车是最拥挤的，根本没有座位。若是站一路，当时瘦弱又劳累的她是吃不消的。于是，陈槐安就每天刻意算好她下课的时间，然后提前到前边几站上车占好一个位子，等她上车时再把位子让给她坐。

这样暖心的行为，真的是帮了当时的叶嘉莹很多。

台湾多台风。

一次，晚上突然刮起了大台风。他知师公赵钟荪不在，就冒着大风大雨跑到叶嘉莹家去。

开门的瞬间，叶嘉莹是感动的，但也很心疼，于是对他说："这么大风大雨的你还往外跑。"只见他憨憨地说："这么大的狂风暴雨，家里老的老、小的小，我不放心，所以就过来了。"

还有一次，刮台风后引起了水灾。当时，他已到南部某地服兵役，却突然跑了来。要知道，当时因为水灾，从台南到台北中间有段路都不通了，火车也没有了，他从南部是根本不可能回来的。然而，他说，他是步行走过了那段不通的路，又搭车过来的。这样的他，真的似个痴儿，让叶嘉莹又爱又怜。

再后来，叶嘉莹就去了美国。去之前，她曾提及自己喜欢王国维的词，想要写王国维词的注释，刚刚开始写了几条，还没写完。于是，陈槐安就说要帮她去查资料，叶嘉莹将自己的笔记本给了他。谁知，而后不久她匆忙去了美国。

这事儿，也一直就搁浅了。

此后多年，他们都未能有联系。直到台湾开放，叶嘉莹得以重回台湾，才又看见了他。起初，很多次的同学聚会中，他都没有出现。他依然孤僻，不常与外人来往，故而许多人都不知道他的消息。

后来，过了很长一段时间，他的同班同学偶遇他，告诉他叶嘉莹回来了。他立马给叶嘉莹去了个电话，说要从台北来新竹看她。

第二天，他就真的出现在了新竹。当时，叶嘉莹要出门复制一套讲课的录音带，刚出楼门就看见一个人开车停在了她住的宿舍前边。

见面的第一刻，他仍亲切地叫她妈妈。只是时光催人老，她已然认不出他来了。曾经的大男孩，此刻头发已经脱落，变化非常大。

二十几年的时光已走过。事与人已非，也是再正常不过。

不过，人容颜变，心却未变。他热心地跟她交谈，言语里又现了当初的模样，那是孩子对母亲才有的撒娇。他告诉她，她现在所待的"新竹清华大学"校园里就有他的雕塑作品，而后，他还带着她到校园里去看。

恍惚间，他们都觉得回到了过去。之后，他就回去了。再之后，她就要离开。

上飞机的时候，他来了，只是没有讲什么话。遗憾的是，大约第二年，他去世了。

想起他时，叶嘉莹会常常想到《论语》里孔子说的："回也，视予犹父也，予不得视犹子也"的句子。孔子所言是，颜回把我看作父亲，而我却没能把他看作儿子。

129

对于陈槐安，叶嘉莹说，她也应该这样说。

于我们这些看客而言，良师贤弟子皆是一场遇合，不论亏欠尔尔。

教学钻研

1

1953年下半年至1968年,是叶嘉莹最为欣慰的十五年。这十五年,她得以安稳地从事自己热爱的古典诗词的教学,更得以专心地于自己热爱的诗词世界里钻研。这期间,她在台湾大学、淡江大学和辅仁大学任教七个班的课,还有夜间部,还在广播电台开设大学国文课。教学任务如此重,她却乐此不疲,还自许"我这个人天生就是吃教书饭的"。

她像不惧风雨的木棉花,于时光荒野里,不萎靡,亦不褪色。

那时,她一袭素色旗袍,在三尺讲台上,如一道光,古典诗词仿佛在她周身流动,唐风宋韵里她的吟唱声曼妙而吸引人,行过之处皆有情有义,让听者皆诗心荡漾。学生们皆循着她这道光,找到了一路精致的美好。

那时,总有不少中文系以外的其他院系的学生前来旁听,有的甚至还牺牲了本专业的必修课。比如台湾大学外文系的白先勇、陈若曦;

比如在台湾大学读理科的徐祁连；甚至就读于淡江文理学院外文系的陈映真……如是等等，他们皆被她的讲台风范所吸引。

许多年后，白先勇说："我在台湾大学的时候，是叶先生的旁听生，叶嘉莹先生对古诗词的教诲真的对我启开了一扇门，让我欣赏到中国古典诗词的美。我想叶先生对我的影响，一直延续到今天。"

作家陈映真亦在一篇文章中，如是分享了1957年在台湾旁听叶嘉莹"诗选"课的感受："那是我生平头一次感受和认识到我国旧诗中丰富璀璨、美不胜收的审美世界……叶教授的每一堂课，几乎都令人感到永远新奇的审美的惊诧。她看来总是蛮有智慧，娴静优雅，总是全心全意地教书，循循善诱，看不见她因当时专科院校学生水平相对低下而稍减她教育者的热情。"

她讲诗词和别人不同，别人是讲，她是"唱"，声声吟唱之中，杜甫是个"站在笼中展翅起舞"的爱国诗人，陶渊明则是一朵飘在天空的兼具"真"与"妙"的云，苏东坡最大的"标签"不是豪放，而是豪放粗犷下藏着的幽咽怨断。

这样的她，是在诗词教学中投入了深情的。也因此，她每次讲杜甫的《秋兴八首》时，念到"夔府孤城落日斜，每依北斗望京华"二句，就会泪水盈盈，这是她长久思念故乡的缘故。她的学生钟锦说："她不是把它（诗词）作为一个客观的学术对象，她是把这个学术、诗词本身和她自己的生命融为一体了。"

关于她那时的风采，徐祁连有文字如是言："对叶嘉莹倾倒的不止我一人。她的课堂在文学院大楼末端的一间教室，两面临窗，连窗台上都坐满了人……叶嘉莹谈诗神采飞扬，爱跑野马，那些千百年前的诗人就像是她的知交，醉心、赏爱、调侃；不知不觉，他们也成了我的朋友。最后，也是最令人陶醉的是听她将整首诗吟诵一遍。这时，阳光从窗外照亮她如玉的容颜，恍如从古典的扉页中走出的诗神。"

如此的她，除却吸引力满满，还成为无数人的灯塔。比如，那时还是高中生的席慕蓉，视叶嘉莹为创作之路上的导师，虽不是正式弟子，但此一生"就是爱她，没有办法"；交出"青涩"之作的陈映真，则在反反复复细读叶嘉莹的批语之后，下定决心走上小说创作之路。

诚如白先勇先生言，讲台之上她即使衣着朴素，也有一种"天生的华丽"！将诗词糅入生命的她，就是一束耀眼的光，天生华丽！处处散发着难以掩饰的幽美和光华。

2

"来到台湾，等待我的都是忧患的日子。我真正是把什么都放弃了，只能苟延残喘地活着。我一个人真是千辛万苦，历尽了多少精神上、物质上的苦难，人只能是活下来就是了，除了活下来，以外的事什么都不用说了。"叶嘉莹曾如是说过，但其实，她的理想是高远的、深厚的。

在大学期间，她曾写过"每欲凌虚飞，恨少鲲鹏翼"（《咏怀》1941）；"冲霄岂有鲲鹏翼，怅望天池愧羽翰"（《春日感怀》1942）；"采之欲遗谁，所思云鹤侣"（《拟采莲曲》1943）。如此诗句，皆表了她内心深处的执着追寻和高远理想。

如是理想，伯父深懂，顾随老师亦深懂。所以，在《送叶子嘉莹南下》的诗中，顾随先生写道"分明已见鹏起北"。

只是天意弄人。步入20世纪50年代,她的这种理想被现实残酷地毁灭。她一个人步入白茫茫一片无师亦无友的世界,理想成为"绝无一人足堪告语"之境地。其苦痛哀伤,怕只她一人可知了。

所幸走过流离失所无以为家的那段忧患岁月,步入台大教书后,她的理想越来越清晰。王国维哲人的悲悯、李商隐诗心的寂寞,皆能引起她的共鸣。尤其如杜甫的《秋兴八首》。由此,她在诗词道路上的钻研正式开启。

1956年夏,台湾教育主管部门举办了诗词欣赏文艺系列讲座,叶嘉莹有幸成为该讲座词的主讲人。于讲座后,她在《教育与文化》刊物上发表了《说静安词〈浣溪沙〉一首》(1957)。该文章一经发表即在台湾教育界引起轰动。

这是叶嘉莹在台大教书后写的第一篇文章,亦是她的第一篇词之评赏文章。

就此,她从创作渐转至评赏。这一年,她创作了自己的第一篇诗之评赏文章《从义山"嫦娥"谈起》。

此两篇文章一出,人们从中看到了顾随先生的影子,这是叶嘉莹得了顾随先生之精髓。他们皆于诗词之中将自身心灵投射——自感寂寞悲苦之心情可与古人有某些暗合。

1958年,她应邀为《淡江学报》写下第一篇纯客观的评赏之作《温庭筠词概说》。

1959年,她写下了自己最早的研讨文学理论的文章《由"人间词话"谈到诗歌的评赏》,以及《中国诗体之演进》。

1960年，她写《大晏词的欣赏》。

1965年，她写《谈古诗十九首之时代问题》，及《序（还魂草）》，以及《论杜甫七律之演进及其承先启后之成就》。此际，她在诗词道路上有了又一次转变，从一己之赏心自娱的评赏，变为有了一种为他人的对传承之责任的反思。

1966年，她写《说杜甫赠李白诗一首——谈李杜之友谊与天才之寂寞》，及《拆碎七宝楼台——谈梦窗词之现代观》；而这一年，她的《杜甫秋兴八首集说》一书在台湾中华丛书印行出版。

《杜甫秋兴八首集说》专著，是她台大时期致力的钻研成果。那时，台湾兴起"现代诗"的潮流。

她在校园内讲授杜甫诗，因而想到《秋兴八首》句法突破传统、意向超越现实之特色，以及由此引发的历代注家的纷纭众说，适可以为中国诗歌在继承传统与开拓新生方面提供有益的借鉴。

于是，她便着手编撰《杜甫秋兴八首集说》这本研读杜甫诗的参考书。而那时，她除了三所大学的授课，还在教育电台以及电视台播讲大学国文与古典诗歌，工作极其忙碌。因而，所有的编撰工作便全都集中在了周末及寒暑假。为了更精准地研读，她更是不厌其烦地挤着公交车到各个图书馆去查阅和抄录资料。

其间，她先后收集了自宋迄清的杜诗注本五十三家，不同之版本七十种，考订异同，对诗歌内容和形式皆做了精细的说明。她希望能以《秋兴八首》为例，展现杜甫诗歌之大成就，而作为现代诗人之借鉴。

剥去生活的琐事，她捡拾起自己诗心的锐敏。驰骋诗海，她或许想起当年在顾随先生课堂上听讲的从容和快乐，亦记起顾随先生殷殷的嘱托厚望。

旧梦失落了，又寻了回来。如此，她才写下如是多的诗词评赏之文，且情感丰沛、静敛知性，且有自身心灵之投射。

钻研之下，她心亦丰盈。时光里，她越来越与杜甫诗融合一体。"一片花飞减却春，风飘万点正愁人。"杜诗入心，她更深懂这人生的悲欢离合，诚如她写过的诗句："岂是人间梦觉迟，水痕沙渍尽堪思"。

人生变故已多，而后，她诗心如磐，与诗词为伴！

倾谈六 沧海·异国漂泊

看着这雪,她仿佛触摸到心底那处最柔软的乡愁了。

初到哈佛

1

时光飞逝，她一边担负着繁重的生活，一边挤尽自己的时间和心力做研究，每日与诗词为伴，教书、生活。

人生若如此，也足够。可是，命运裹挟下，她再一次要经历去国离乡，踏上漂泊之路途。

时间来到 1966 年。彼时，西方大学的亚洲系、东亚系对中国的研究注重的是古典文学。西方世界对中国大陆长达二十年的封锁，使得大陆与西方世界隔绝。那时西方的学者研究中国古典文学都是到台湾的。

当年，台湾大学、辅仁大学、淡江大学的古典诗词都是她教的，故而，那时的西方学者中很多人旁听过她的课。比如，法国著名学者侯思孟（Donald Holzman）听过她讲阮籍的咏怀诗，后来还写了一本研究阮籍的书；比如，耶鲁大学的皮特·贝尔（Peter Bear）跟她念过陶渊明和谢灵运的诗；比如，德国学者马汉茂（Hamlet Martin）跟她念过杜甫的诗。

因此，那时到台湾的西方学者都会注意到她。

很快，她收到了密歇根州立大学提出的交换教授函。

1965年的谢师会上，台大校长钱思亮将她叫住说："叶嘉莹老师我要跟你说个事，台湾大学与美国密歇根州立大学有一项交换计划，每两年由两校互派一个教授到对方的学校讲学。我们台大已经答应美国明年把你交换到密歇根州立大学，你要准备一下英语。"

赴美讲学，她从未想过。经年的漂泊，她饱受思乡之苦，她只想回到日思夜想的北京。

然而，有些事情就像事先就写好的，让人无力抗衡。

关于赴美，她也曾跟赵钟荪说起，他是一百个愿意她去的。经受过"白色恐怖"，被关了那么久，他是很想出去的。所以，这一次他不仅没拖后腿，还特别支持她出去。

既然改变不了，去就是了。念初二的时候就遇到"七七"事变，随之她的英语课改成了日语课，所以英文很不好。

于是，她开始练习英文，从"Good morning ／ How do you do"开始，学习一些简单的日常用语。

去美国之前，她还需要接受当时美国傅尔布莱特（Fulbright）基金会对她的例行谈话。是年，这个基金会在台湾的负责人是台大历史系教授刘崇鋐。

1966年春夏之交的一天，刘崇鋐先生通知她去面谈，当天，于台湾主持面谈的是哈佛大学东亚系的主任海陶玮（James R. Hightower）先生。面谈一结束，她就离开了，没想到刘崇鋐教授的

139

秘书吴女士随后追出来，对她说，今晚刘教授邀她和一些友人在他家中聚餐。

当晚她去参加了宴会。海陶玮先生也在，他们俩有了更多的交流机会。原来，海陶玮先生于哈佛大学研究中国古典诗。因此，他们瞬间相投，谈得融洽而愉悦。

宴会后，刘崇铉先生让秘书帮他们俩叫了一辆出租车。出租车内，海陶玮先生突然真挚地邀请她说："如果我们邀请你去哈佛大学，你愿意不愿意呀？"

哈佛大学，那是多么有名的学校，能去看看也好，她想着，于是回复海陶玮先生道：我愿意。

第二天一早，她就接到刘先生秘书吴女士的电话，让她考虑到底去哪个学校，做个决定。

若出国能去有名的哈佛大学，于她自然是最好的。于是，她去找台大校长钱思亮，说要去哈佛大学。钱思亮校长听后很不高兴，说："我们这是去年安排的，已经跟密歇根州立大学签了约的，就是要把你交换去的，怎么能临时换人呢！"

最后，他态度很严肃地对她说："不可以，你一定要去密歇根州立大学。"

既然如此，叶嘉莹没有办法了。于是，她打电话告诉海陶玮先生，学校不同意，只能推掉哈佛之邀了。

本以为这将成为憾事一桩，谁知，海陶玮先生不放弃，诚恳地说："这样吧，密歇根州立大学不是9月才开学吗，那你一放暑假就先到哈佛，至少能停留两个月。我们可以利用这个时间合作研究，等到开学的时候，你再去密歇根州立大学。"

就这样，在海陶玮先生的坚持下，她的哈佛之旅成行。

2

1966年暑假，叶嘉莹带着两个女儿，开启了美国哈佛之行。飞机从东京经停，途经西雅图、芝加哥、波士顿，而后抵达哈佛。

路途远而劳顿，下机后还发现行李丢了。不过，前来接机的海陶玮先生让她感受到深深的温暖。他开车载着她们来到哈佛大学为海外访问学者事先安排好的宿舍，一切也就安顿下来。

海陶玮先生是热心的。他怕她经济上有问题，还安排她的大女儿在图书馆做一些管理借书的工作。时值暑假，大女儿做得很开心。

一切安排妥当，他们开始进入课题的研究。时年，海陶玮正在研究陶渊明的诗。于是海先生继续自己的研究，叶嘉莹则研究吴文英的词。

这个暑假成为叶嘉莹学术生涯中最轻松最有意义的时光。他们的讨论主要以英文方式进行，虽然海陶玮先生能看懂中文，但是他仍坚持说英文，且他还很恳切真诚，叶嘉莹的英语表达词不达意或者语法不正确，他就随时给她指正出来。

诚如叶嘉莹说："这使我无论在英语会话或用英语表达中国诗歌之能力方面，都获得很大的进步。"

这样的海陶玮先生，如师亦如友。他不只是让叶嘉莹给他讲陶渊明，还热心地向叶嘉莹要来一篇论文，并帮她翻译成英文拿到哈佛大学学报上发表。此篇论文，名为《论吴文英词》，成为叶嘉莹在哈佛学报上发表的第一篇英文论文。

而当时，她是用中英结合的口语讲给海陶玮先生的。海先生，则将其整理成英文，可见其热心。海先生不仅热心，而且理性、逻辑性强。他富有理性和逻辑性之思辨的方式，对叶嘉莹产生了很大的影响。

说来，她在美国的第一次讲课，不是在哈佛，也不是在密歇根，而是在佛蒙特（Vermont）的一个中国文学暑期班。

彼时，美国教育界对中国古典诗词文化非常迷恋。于是，在普林斯顿大学研究中国文学的高友工教授在佛蒙特开办了一个中国文学的暑期班，并热情地邀请叶嘉莹来讲课。那时，她一边和海陶玮先生合作诗词研究课题，一边去了讲台。

8月的下旬，她坐着学生英惠奇的车，从哈佛抵达佛蒙特。

一路上，她看到了许多变红的树叶，瞬间睹物思情。她上次看到红叶还是在北平时于香山。而今她已多年没见过红叶的模样。处于亚热带的中国台湾是不会有红叶的。她的心被触动了，犹如近乡一般。

后来她写下了"眼前节物如相识，梦里乡关路正赊"的句子。

于她而言，北京永远是她不可触摸的痛。因为那里有她所有的快乐、高远的理想、挚爱的亲人、敬爱的恩师。

可是，如今身处遥远的美国，北京更显遥远。

又到密歇根

1

尘世中万事顺心的人不多，很多人都是失魂落魄的。身在异乡，更能懂得这些。还好，有诗词作伴，一切烦恼便皆若浮云。

很快，两个月的时间过去。她和海陶玮先生的合作课题也要暂时告一段落。他们约定：次年暑假以后，她来哈佛客座讲学并做一年的合作研究。两个月的时间虽短，却为他们日后长期合作打下了坚实的基础。

9月初，她一个人带着两个女儿来到了密歇根。
与初到哈佛比，是有太多落差的。这里，没有人热情接待。她一个人办完所有手续，一个人搬完所有行李。其间还因为过于着急，把脚不小心给扭伤了。然而，由于事情过多，她根本没有时间去休养，机智的她试着穿了双高跟鞋，竟然比平底鞋更能缓解疼痛。

就这样，带着伤痛，她一个人又把两个女儿的入学手续给办理好。

两个女儿如期进入密歇根的一所中学读书。

彼时，大女儿言言念高三，各门功课都很好；小女儿小慧因在台湾只念到初一，英文基础不太好，却不影响她跟同学融洽相处。

一切都步入正轨。尽管此处没有若海陶玮先生那般懂她的人在，但一切也还不错。

只要生活着，就会有小插曲。

一天，她突然发现小女儿的两条腿不一样，一条腿粗，一条腿细。她突然记起，初到哈佛时，曾弄了辆自行车让大女儿练习。那时，小女儿常常帮姐姐扶着，一天，她的膝盖在帮姐姐扶车时跌破了。当时看着只是外皮破了，以为抹点药水就好了，谁知，竟然为此落下了毛病。

这可不得了，她想。小慧正处于发育期，如果这样下去会影响她一生。于是她跟学校说了这事儿，学校允许她带着小慧去医务室。医务室的大夫看了后，说要用物理治疗法为小慧治疗。初到密歇根，她也没有更好的办法，就决定每日带小女儿先这样治疗。

密歇根州立大学很大，从一个地方到另一个地方，常常要搭乘校车去。

每天，小慧放学就搭乘校车先去校医务室做理疗，叶嘉莹下课后也搭乘校车去校医务室陪她。适逢密歇根的9月底10月初，那是下雪的季节。一天，下了很大的雪，是她从来没有见过的大雪。小慧已经去了校医务室，叶嘉莹去接她，穿着高筒的靴子，深一脚浅一脚的，心里却有说不出的暖意。

台湾不下雪，她已经多年没有见过雪了。看着这雪，她仿佛触摸到心底那处最柔软的乡愁了。

治疗了一段时间，小慧的腿并没有见好。正发愁的时候，她突然接到了一个学生的电话，这个学生叫柯文雄。

其实，柯文雄并不是她教的台大中文系的学生，而是旁听过她诗词课的植物系学生。他对她说："我虽然是植物系的学生，可是我听老师的课很受感动，得到很多鼓励。你知道吗，我从中国台湾到美国留学，把大一上国文时你给我批改的那些作文都带出来了。"

听课一日，他亦将她视作自己的老师，可见她讲课的魅力。

柯文雄对她说："小慧的病在学校治不好，要找一个医院去治疗。你们在这里也不开车，交通不方便，我可以开车带你们去。"

正是有了他的帮忙，小慧的病才得到了很好的治疗。原来，她的膝盖之间的软骨错位了，仅理疗肯定是治不好的，需要开刀治疗。小慧很快住进了医院，且还住进了设备条件极好的少儿病房。在这里，可以随时要冰激凌、果汁什么的。

虽然要开刀，小慧依然住得很开心。毕竟是个孩子，给个糖果的甜就立马开心到飞。大概一个礼拜后，小慧出院了，慢慢地，腿也恢复了。当时的叶嘉莹真的是感激不尽。

这个叫柯文雄的学生，真的是帮了她们很大的忙。

要知道，当时的她们除了出行不方便外，对于各个机构也是陌生的，更不知道应该去什么医院治疗。

后来在密歇根的日子，柯文雄几乎每个星期都来，不是带她们去买菜，就是去办其他的事情。假期的时候，他还开车带她们去了密歇根的大湖和底特律汽车城游玩。说来，这个学生真的很懂叶嘉莹老师。

叶嘉莹其实是很喜欢旅行的。此前来哈佛时，在东京换机，她就带着两个女儿报了个旅行团，游玩了东京。

诚如她自己所言，她这人虽然经历颇波折，但是，学生们皆待她特别好。柯文雄就是其中之一。这让叶嘉莹在密歇根觉得暖心不少。

2

在密歇根州立大学，虽没有海先生这样的知己友人，她也只是学术上寂寞了些，生活仍是和润美好的。

那时，她所住的楼上，还有一家中国的访问学者。

他们家有五个女儿，其中有两个跟她的两个女儿差不多大，于是，孩子们就经常凑在一起玩乐。而她自己，亦通过他们夫妇俩认识了一些其他的中国人。身在异乡，同胞之间格外亲，常常是这家请客一起吃饭，那家请客一起吃饭的，好不热闹。

密歇根州立大学所在的东兰辛（East Lansing）小城，没有几家中国餐馆，所以大家请客都是在家里。

她和两个女儿也成了被邀请的对象。久了，她也邀请大家到自己家来吃饭。为此，她学会了香酥鸡、珍珠丸子、红烧鱼、炸春卷等菜式制作，甚至包饺子、蒸包子、包粽子、摇元宵等也能做。毕竟是在北平长大的，小时家里佣人、母亲、伯母做过的饭菜，她虽然没做过，但在耳濡目染下也是学到了不少的。所以凭着记忆，她竟然将这些做得像模像样。

由于英文不大好，她在密歇根州立大学开学之前就跟校方谈好，用中文讲课。来上课的学生,都是学过中文的研究生,不仅听得懂中文,还能讲一些中文,她的工作因此轻松了不少。她也有了很多自己的时间。

空的时间里,她为自己安排了两门旁听课。一门是西方文艺理论,一门是英文诗。两门课的老师都讲得很好,尤其是讲英文诗的老师,这位老师跟她一般,也喜欢把一首诗大声地朗读一遍。

也是这位老师,突然有一天问她:"你们中国人读诗是不是也有朗读,也有吟诵?"真的是问对了。仿佛遇到知己一般,她兴奋地回他说:"我们中国诗是有朗诵和吟诵的,我上课就给学生们吟诵。"接着,她还随兴吟诵了一首诗。

听后,这位老师兴趣盎然,接着对她说:"你吟诵得很好,我一听就知道你对诗很有体会。现在,我诚挚地邀请你给我班上的学生做一次讲演,就讲中国诗的诵读。"

于是,她接受了这位老师的邀请,用英文做了一次讲演。她忍不住感慨,自己之所以能这样用英文给他们讲演,多亏了在哈佛大学跟海先生一起做研究的那两个月。尽管她曾为来美国狠狠地补习了英文,但那些也多是日常用语,真正用到文学上,很多术语是根本说不来的。诸如"五言律诗""七言绝句"这样的诗词术语,她都是跟海先生做研究的时候学来的。

演讲很顺利,课后那个老师特别高兴。他说从来没有听人讲过中国诗,更没有听过中国诗的吟诵。事后,他还跟叶嘉莹的女儿竖着大拇指说:"你母亲真是天才般的会讲诗的人。"

在密歇根,还有一件让她特别开心的事情。那是在她到达的当年

147

冬天,她参加了一场中国古典文学的高级学者研究会议。会议是海陶玮先生帮她促成的。

会议在美国的百慕大举行,她与海先生约好先从密歇根飞康桥,然后两人一起飞百慕大。但会期近时,康桥下了一场大雪,她于是就直接从密歇根飞到了百慕大。如期而至,她跟着海先生结识了不少美国汉学界的同仁,并提交了海先生帮她翻译的论文《论吴文英词》。由此,她的学术钻研又攀登了一层。

会后一切顺意。很快密歇根州立大学的一年交换期满。彼时,大学要跟她延期两年,被她委婉拒绝了。因她没有忘记跟海陶玮先生的约定,她要如约去往哈佛大学。在那里,她不仅可以教书,还可以与海先生一起继续研究,进行课题合作。

这是她喜欢且热爱的状态。

再回哈佛

1

1967年7月,时值暑假,叶嘉莹带着两个女儿再次来到哈佛大学。

彼时,大女儿已经高中毕业,并被密歇根州立大学录取。此次跟随,是因大女儿要继续在哈佛大学的燕京图书馆工作,小女儿还要继续补习英文,去海先生给她在哈佛联系好的暑期学校。

如此,叶嘉莹得以全身心地投入到和海先生的诗词研究中。

在这里,她和海先生还一起开了一门中国诗词课。在研究方向上,海先生继续研究陶渊明,她则找了另外一个题目研究,即"对常州词派比兴寄托之说的新检讨"。这是她研究方向的又一个转变。

此前,她写的都是对诗歌本身的批评和欣赏,写李商隐的嫦娥诗如是,写温庭筠的词如是,写杜甫的诗如是,写陶渊明的诗亦如是,所研究的对象皆是作品本身。然而这次不一样,不再是讨论文学本身,而是讨论文学批评。

这是为1967年寒假将在维尔京群岛(Virgin Islands)召开的一个会议而做的准备。不讨论文学本身,只讨论文学批评,是这个会议的主题。

已合作过一次的二人很熟悉了，故而在讨论问题时也更坦诚相对，遇到不同意见互相争论，且不让彼此。如是，倒也给他们的研究合作平添了许多乐趣。

彼时，燕京图书馆和东亚系同在一栋楼里，而她和海先生各自的办公室则在燕京图书馆的二楼。

叶嘉莹很喜欢自己的这间办公室，坐在靠窗的工作桌前，一抬头就能看到窗外漂亮的、高大的枫树，如她言是"朝暮阴晴各有不同的光影"。

她到时正值夏天。窗外一片浓密树荫，翠色的繁枝密叶随风舞动，恰入了她的诗心。

秋时亦美。窗外，那一片的翠色被渐渐染成一幅国画，红黄相间，色彩缤纷。

冬时则别有一番风味。树叶落尽，大雪压枝，枝干上积满晶莹的白雪，美不胜收。

是年从夏到冬，她的心情都是舒美而闲适的。

如此美境下，她在自己的课题研究中沉浸、忘我。

她正在研究王国维，除了去教课，就将自己置身于图书馆内。下班后的图书馆内，她常常一个人在里边看书。每天看完回家的时候，走在图书馆黑暗的通道里，她常常会觉得王国维的灵魂仿佛在附近徘徊。真是如痴成魔一般。

这一年，她写下了一首五律、两首小令。五律是于哈佛大学观赏昆曲《思凡》《游园》演出后，有感而作。此二折戏曲，是张充和及其弟子李卉演绎；叶嘉莹看后，颇生"天涯聆古调，失喜见传人"之惊艳感。小令两首，一首是《菩萨蛮》，一首是《鹧鸪天》。《菩萨蛮》如下：

西风何处添萧瑟，层楼影共孤云白。楼外碧天高，秋深客梦遥。天涯人欲老，暝色新来早。独踏夕阳归，满街黄叶飞。

以秋风萧瑟、天远云孤、独踏夕阳、满街黄叶之意象，来喻况自己客居异国的心境。当时她虽在美国，回故乡已然不成问题，然而，此时的"文化大革命"却阻挡了她的脚步。这一年，她四十三岁。

离开故乡已二十多年，这怎不教她心生悲凉意？《鹧鸪天》如是写：

寒入新霜夜夜华，艳添秋树作春花。眼前节物如相识，梦里乡关路正赊。从去国，倍思家，归耕何地植桑麻。廿年我已飘零惯，如此生涯未有涯。

上阕，满树霜红，节物一如故土，然而，故乡却远，旧梦难寻；下阕，去国、思家、飘零惯、未有涯，言其二十多年来的漂泊，沧桑尝遍，却仍未知何时才能结束。触及故乡，她依然感伤不能自禁。

而这一年冬，赵钟荪也来到了美国。许多伤怀的事情，依然在。

151

2

转眼与哈佛的一年聘期到了。她常在的窗前，枫叶已染秋色，已是深秋九月。她也要信守与台大的约定回去了。

以眷属团聚为由，申请来到美国的赵钟荪也找到一所大学教汉语的工作，离开中国台湾是他的夙愿。如此，她离开美国回中国台湾，心里多少还是踏实些。

毕竟，两个女儿还能有赵钟荪照应一下。

关于回还是留，她自己也曾纠结过。从学校到家的路上，或从家到学校的路上，她都会想到底该如何决定。其实，除却信守与台大的承诺，亲情方面是最让她为难的。毕竟，先生、女儿们都在美国，可是，留老父亲一人在中国，她是做不到的。两边她都不舍得放下，究竟该去还是该留，着实把她难为了一番。

为此，她还曾写诗，表述这番纠结：

又到人间落叶时，飘飘行色我何之。
日归枉自悲乡远，命驾真当泣路歧。
早是神州非故土，更留弱女向天涯。
浮生可叹浮家客，却羡浮槎有定期。

天北天南有断鸿，几年常在别离中。
已看林叶经霜老，却怪残阳似血红。
一任韶华随逝水，空余生事付雕虫。

将行渐近登高节，惆怅征蓬九月风。

——《一九六八年秋留别哈佛三首》其二首

不过，最后还是承诺获胜了。

关于她回中国台湾，海陶玮先生曾几次坚持要将她留下来。但是，都被她委婉地挡掉了。她从来都是一个信守承诺的人。若不回去，台湾大学、淡江大学、辅仁大学的课就会开天窗。更何况，她的老父亲还一个人留在台湾。

她不能做这样的事情，也不允许自己这样做。这一次，她又跟海先生做了一个约定，将自己在台湾三所大学的工作安排好，把老父亲接出来后，她就再回来。

对此，海先生即使再不愿意，也没办法挽留了。

不过，他让她写了一个研究计划，为一年后再度来哈佛合作研究做准备。冥冥之中，如此亦是最好的安排。

临别时，她给海先生写了首诗：

临分珍重主人心，酒美无多细细斟。
案上好书能忘暑，窗前嘉树任移阴。
吝情忽共伤留去，论学曾同辩古今。
试写长谣抒别意，云天东望海沉沉。

——《一九六八年秋留别哈佛三首》其一首

对于海陶玮先生的知遇之恩，她始终心怀感激之意。这首诗写后不久,她就只身返乡了。

有人曾问九十岁生日那天的她:"叶先生,在过去九十年里最美好的时光是什么时候?"她的回答是,在美国哈佛大学图书馆的日子。

此后多年,她在哈佛大学图书馆做研究的日子,始终是最美好的时光。因为在此,有惺惺相惜的海先生,亦有令她沉醉的自己的研读时光。

这些时光是闪烁若晨星的,且无可替代!

辗转温哥华

1

在台湾一年很快过去，一切都可圈可点。

1969 年，她接到来自哈佛大学的聘书。离开肯定是水到渠成，毕竟女儿和先生都在美国。

这一次，她要带老父亲一起。于是，她开始办理与父亲一同到美国的手续。可是，没想到的是，在办理资料的时候出了问题。

当她把父亲的资料递上去的时候，办理员说："你的先生和孩子已经在美国了，你再把自己的父亲接过去，这等于是移民了。那么，你直接去办移民吧。"不仅如此，还把她证件上原有的多次出入美国的签证给取消了。

其实，从头办移民，也未尝不可。但是时间太长了她等不起。因为赵钟荪又开始赋闲在家，一家人的生活重担压在她身上，女儿们念大学、念中学都需要学费，还有生活费；而当时的美元跟台币的汇率是 1∶30，在台湾她根本供应不来。

即便如此，海先生还是坚持让她去哈佛大学。他给她出主意，让她把旧的证件作废，重新申办一个。可以先申办加拿大的签证，然后从加拿大再申请去美国的签证，这样就很容易了。

可是人算不如天算，她到温哥华的第二天办理美国的签证就被拒了。人家的理由也很正当，说你拿着美国的聘书，怎么从台湾跑到温哥华来办签证呀？你为什么不在台湾办理？我不能给你签证。如果要办也可以，你把护照给我，我帮你寄回台湾办理。

这样断然不行，她清楚地知道台湾已经将她拒绝了。

怎么办？就在她为此忧虑不已时，还是海先生帮忙出了主意。他马上跟好友不列颠哥伦比亚大学亚洲系的主任蒲立本（Edwin George Pulleyblank）联系，说有这么一个人，现在就在你们温哥华，看有没有机会给她一个职位。

蒲立本听完，高兴得不得了。原来，他们亚洲系刚刚成立了研究院，从美国加州大学来了两个研究中国古典诗歌的博士生。

初次见面，蒲立本先生满眼笑意地对她说："我们还没有找到一个合适的导师来带他们，你来了太好了。"

如是，不列颠哥伦比亚大学亚洲系给了叶嘉莹为期一年的访问教授聘约。此外对她还有要求：不能只教那两个研究中国古典诗歌的博士生，还要教一班全校选修的中国古典文学课，且要用英语授课。

之前，无论是密歇根州立大学还是哈佛大学，她教书都是提前讲好，只用中文讲课。可是这一次不成，她不能跟人家提任何要求，因为有求于人，因为要养家糊口。

别无选择，她只好硬着头皮答应下来。

工作有了着落，接下来，她安排一家人的团聚事宜。大女儿就读于密歇根州立大学，最容易，直接转学到不列颠哥伦比亚大学就可；小女儿读高中，因为温哥华公立高中不收外国人，她便将其转入接收的一个私立中学。最后，是先生赵钟荪。

结果，在他这里出了问题。她拿着他的资料，去往移民局申请时被拒了。

移民局的官员如是解释："按照我们加拿大的法律，你是你先生的眷属，你先生不是你的眷属，他不能以你的眷属的身份过来。"

无奈之下，她只能自己想办法。她又找到蒲立本先生，对他说："如果我先生不能过来，我就不能留下来。"

这很管用。一心想留下她的蒲立本先生给了赵钟荪一个助理研究员的名义，她以这个名义成功将赵钟荪接过来。

不久，她也把老父亲接了过来。总算排除万难，他们一家人团聚了。

他们住进了第42街的一处房子里。这处房子，是她天天看报纸上的租房广告找到的。交通便利，旁边就有一趟直通不列颠哥伦比亚大学的公共汽车，还有一个菜市场，下班回来可以顺便买菜回家。不远处的第46街，是小女儿的中学所在，她从第42街走过去就到了。

在他们来之前，她还一个人看报纸、查地图、搭公交车，去了二手市场，买了些家具和基本的生活用品，只为让家人来了之后有一个温馨的好住处。

2

来温哥华之前,她曾在南怀瑾先生的介绍下,去占卜了一卦。本来,她是不信这些的,然而签证办理得如此不顺利,让她感到前途未卜。于是,她才去算了这一卦。

在算卦人的要求下,她写下自己的生辰八字,算卦人就在红色封面的本子上写下了很多字,其中有两句"时地未明时,佳人水边哭"的卦辞。

她当时还未知什么意思,可当她去不了哈佛大学,回不了中国台湾,只能临时留在加拿大的时候,才恍然大悟:真的是时地未明,去美国的时间未明,一家人最后落在什么地方也未明;温哥华在海边,她一个在水边,着急得夜夜失眠,流泪哭泣,真的是"佳人水边哭"。

在她决定留在温哥华时,她不无感慨地写了一首题为《异国》的诗:

> 异国霜红又满枝,飘零今更甚年时。
> 初心已负原难白,独木危倾强自支。
> 忍吏为家甘受辱,寄人非故剩堪悲。
> 行前一卜言真验,留向天涯哭水湄。

来加拿大之前,她根本不知道英文地名 Vancouver(温哥华)是个什么地方,对于 University of British Columbia(不列颠哥伦比亚大学)这所大学更是闻所未闻。关于北美的印象,她所学的地理或听人说的都是美国的地名和学校。而今,她要在这里教书,并要带着一家老小在这里生活。

她真的是心有忐忑的。这个种满了枫树的国家,这个一到秋季就满地红叶的国家,于她是陌生的,亦是不安的。她之飘零感,亦比过往更深。

故乡更远。还有就是一家老小的生计,她将一个人担负,而她也不知到底能否担负得了。唯有坚强,给自己打气。

她还正备受用英文教课的折磨。

用英文教课,对她来说,真的是个不小的挑战!这之前,她从未用英文讲过中国古诗词,况且,她本身英文还不大好。但既然答应了,她就会办到。

于是,每日她都抱着英文字典查到很晚,常常是一抬眼,时间就到凌晨两三点了。第二天,一大早她还要赶着去给学生上课。说来很苦,但也很有收获。尽管用英文讲古诗词课不能似过去那样跑野马般,似鹏鸟一般海阔天空地享受课上尽情发挥的乐趣;尽管每次用英文讲古诗词课,都是如趴在地上爬一般;尽管她为此还赋诗一首《鹏飞》"鹏飞谁与话云程,失所今悲匍地行。北海南溟俱往事,一枝聊此托余生",来抒发这份情绪。然而,她依然很感激这样的讲课机会。

除却养家外,她亦收获颇丰。她为此而读了很多英文文学作品,以及很多西方文学理论,并且还去旁听了一些西方学者讲英文诗歌和文学理论的课。如此,她得以学会用西方文艺理论来阐释中国的诗论。诚如恩师顾随先生所说的"取径蟹行文字,别有洞天"。她抵达此处,竟有些"柳暗花明又一村"之感。

享有"世界花都"美称的温哥华是个非常宜居的城市,春有樱花,秋有枫叶，环境亦幽雅静好。然而，于她却总有惶恐之感。毕竟，在这里她只是个被临时聘请的教授，第二年的工作还没有着落，可是，养家的重担却无法卸掉。

多年后她说："我在工作和心理方面承受着沉重负担，却无人可以诉说。我既不愿增加老父和女儿们的忧虑，更不敢向我先生诉苦。因为在他的观念中，总以为如果我诉说劳苦，甚至只要有人同情我的劳苦，都是对他的侮辱和讽刺。总之，这一年我尝遍了工作和家庭两方面的劳苦酸辛。"

许多时候，她觉得自己就像一根柱子独自支撑即将倒塌的房子；假如塌了下来，她真的不知道该怎么办了。

所幸她的课很受欢迎。即便是用蹩脚的英文讲课，她的课还是吸引了六七十人选修，成了一个很大的班。在她之前，这门课的学生只有十几人而已。这是她作为老师的魅力，亦是她讲授诗词课的魅力。

幸运亦接踵而来。第二年的3月，蒲立本先生将不列颠哥伦比亚大学的终身聘书给了她，尽管当时的她没有博士学位，且还用那么笨的英文教课。这是在北美没有过的。在北美，一些拿了博士学位且教了好几年的教师，也不见得能拿到终身聘书。

她感激地接受了这份聘约。这一年她四十七岁，步入中年，客居异国。

多年后，她回忆这段经历时还感慨人生际遇无常。本来，选择来温哥华是她从未想过的，定居更是不可想象。然而，诸多际遇之下，她竟定居于此。诚如她所说："这是在我一生的不幸中一次幸运的机遇。"

3

她到不列颠哥伦比亚大学不到半年即被聘为终身教授，还有个机缘，是在这个学校教授古典诗词多年的李祁女士就要退休了。

李祁女士年岁已大，且体弱多病，大学正在找一位教授古诗词的人来接替她。如是，专业、学识皆在的叶嘉莹，就被幸运地选中了。

李祁女士毕业于金陵女子大学，是用当年庚子赔款培养的中国留学生，于牛津深造获得学位后一直留在北美。李祁女士不仅是一位杰出的翻译家、徐霞客研究专家，还是一个很好的诗人，有着一颗赤子之心。

她们俩相识之后，成为很好的朋友，经常一起谈诗论词，亦各自赋诗给对方看，所谓惺惺相惜，即是如此。

后来，始终一个人生活的李祁女士走了，还嘱托诗友把自己收藏多年的一个古老的印着荷花图案的瓷碗送给了叶嘉莹作为纪念。只因她的小名叫荷，且喜欢荷花。这让叶嘉莹感念不已，一直将其珍藏。

林语堂有言：人生有一知己，可以不恨。

诗词路上，但凡有人懂她，她皆视为知己。经几多坎坷、几多苦难，她皆安然心静，心无有恨。

欧洲行游

1

一件素色旗袍,一个书袋子,从亚洲系优雅地走到布坎南楼上课的叶嘉莹,成为那时不列颠哥伦比亚大学一道美好的风景。

她虽用蹩脚的英文讲课,却依然旁征博引,引人入胜。学生们跟随她驰骋于中国古典文学的广阔世界,于一个又一个的典故中,或沉醉或茅塞顿开,如入了中国的宝殿,收获颇丰的诗词知识。慕名而来听课的学生越来越多,其中就有不少来自中国港台的知识分子。他们成群结队,以旁听生之名来上她的课。

她的课堂有了这样的景观:在年轻的学子身边,或坐着衣冠整洁的中年男女,或坐着白发苍苍的奶奶爷爷,他们皆静心地听着,忘我而投入。

这是她讲课的魅力。诚如她自己所说,她真的是个天生教书的。

那时,虽然接受了不列颠哥伦比亚大学的终身聘书,但叶嘉莹和海陶玮教授的合作研究没有因此而终止。

是年,她就利用暑假的时间,前往哈佛与海教授合作研究。

这一年，她的研究课题是王国维。从少年时代，她就对王国维感兴趣了，似懂非懂地读过他的《人间词话》，经历忧患时又与他的那些悲观孤绝、蕴涵哲理的小词产生过强烈的共鸣，更曾动过注释王国维词的念头。但人生路走过几多后，她的心态变了，在观察与内省之中，她便只抱着对王国维先生"清者"之品格持守的景仰了。

这一年，她持着反省和批评之态度撰写了《王国维及其文学批评》。而这一年，台湾三民书局和纯文学出版社，分别出版了她的著作《迦陵谈诗》《迦陵谈词》。

生活、事业、专研，一切步入正轨。可是，她仍是想家，想那个北京的家，想那个有伯父、有恩师的故乡。

年迈父亲亦和她一般。她也想过无数次带着老父亲回去，但从各方打探彼时国内的局势，依然没有回去的可能。

父亲始终没能等到，就永远地离开了。那是在1971年的2月间，温哥华竟然下了很大的雪。从1949年离开，父亲再也没有机会回到他的故乡，再也没有机会见到他的其他亲人，甚至也没有跟家里通过一封信。她的内心悲慨万分，于是写下一首《父殁》：

　　老父天涯殁，余生海外悬。
　　更无根可托，空有泪如泉。
　　昆弟今虽在，乡书远莫传。
　　植碑芳草碧，何日是归年。

父亲的离世，让她忆起了许多往事。她记起很小的时候，父亲给他们兄妹订阅的一份儿童杂志，那上面有很多翻译的文章，还有一些介绍西方名胜的图片。当时,印象最深刻的是关于罗马庞贝古城的介绍,那时她就幻想有一天能去到那个地方看看。

父亲的离去给她的触动太多了。于是,她在那一年的暑假安排了一趟欧洲之旅。

在她决定这趟旅行之前,在台湾大学听过她课的一位法国学者——侯思孟教授曾一再邀约她。他告诉她,他现在正住在一座古老的建筑中,相当于中国元朝时的房子,有一个很大的花园,是法国国王路易九世的诞生地,后改建成了一座教堂和一座修女院。如今,教堂已经被夷为平地,变成一座果木花园,修女院也就出租了。

他现在就住在这个修女院中。为了让她来,他还小有威胁地说,若今年她不来的话,他明年就搬家了。

当时,叶嘉莹正在哈佛大学,听闻哈佛的朋友们说去欧洲旅行很方便,再想到德国有自己的学生,法国也有自己的学生,而刚刚游历欧洲回来的高友工先生,更将自己到欧洲旅行的方法详细地告诉了她。就这样,她的欧洲游玩成行。

2

第一站是英国的伦敦。在伦敦,她专门去参观了几所著名大学,比如牛津大学、剑桥大学,然后就过了英吉利海峡,抵达法国。

在法国,侯思孟教授亲自来接她,并热情地邀请她住到他在修女院的家。彼时,他还在写阮籍。当年,在台湾大学听过她讲课的侯思孟,特别喜欢阮籍,时年听她课时她讲的恰是阮籍,二十几年过去,他还沉浸在其中。他白天带她参观罗浮宫、歌剧院、美术馆等;晚上跟她讨论研究阮籍的咏怀诗。

侯思孟曾开玩笑说:"以后我可能就得借着你来传名了,不然中国人不会知道我的名字。"果然如他所言。后来,叶嘉莹于旅行中所作的《欧游纪事》,就将和他一起的这件事记录了下来:

其一

匆匆七日小居停,东道殷勤感盛情。
尼院为家林荫广,王朝如梦寺基平。
举杯频劝葡萄酿,把卷深谈阮步兵。
我是穷途劳倦客,偶从游旅慰浮生。

《欧游纪事》其二,记载的是她参观凡尔赛官时的感受:

其二

繁华容易逐春空,今古东西本自同。
路易斯王前狩苑,拿破仑帝旧雄风。
仍留殿饰余金碧,剩见喷泉弄彩虹。
欲问丰功向何处,一尊雕像夕阳中。

在法国学生组织的一场聚餐中,她还神奇地遇到当年在她北平老家外院出租南房的房客盛成先生。这让她感慨惊叹不已。

盛先生是一位集作家、诗人、翻译家、语言学家、教育家于一身的著名国际学者。20世纪30年代初期,盛先生租住在她家南房,那时她在读小学。未承想到,五十多年后在异国他乡,竟这么奇迹般地碰到。盛先生曾感慨地对他的学生说:"这个叶嘉莹我认识,我在她家旧宅租住过。"

往事一幕幕全都涌上心头。只是，一切如烟消失，那些过往无法再追忆。

她在《欧游纪事》中将这次与盛先生的偶遇记录下来：

其三
何期四世聚天涯，高会梅林感复嗟。
廿载师生情未改，七旬父执鬓微华。
相逢各话前尘远，离别还悲后会赊。
赠我新诗怀往事，故都察院旧儿家。

之后，她结束法国之行来到德国，住到了学姐张禄泽女士在波鸿大学的家。热心的学姐烧得一手好菜，她们一起话旧事，仿似回到了过去。同样，她将这些记录在《欧游纪事》中：

其四
稚梦难寻四十年，相逢海外亦奇缘。
因聆旧话思童侣，更味乡厨忆古燕。
往事真如春水逝，客身同是异邦悬。
沧桑多少言难尽，会见孙儿到膝前。

《欧游纪事》其五，记录的是热心的波鸿大学教授霍福民。她在张学姐家遇到的他，之后，热心的霍教授就担当起她的免费导游来，整天开车带她去参观，钟乳石岩洞是他带着去的，科隆艺术馆也是，还有很多。

霍教授不仅热情，还颇有学识。他对欧洲的建筑、绘画皆有研究，在带领她参观的时候，给她讲了很多建筑风格，以及墙上不同的壁画。

霍教授很有文艺才华，不仅可与她对谈诗词，还弹得一手好琴。他邀约她去聚餐，亲自弹奏了一曲古琴，给叶嘉莹的这趟欧洲之行平添了许多欢愉。

所以，叶嘉莹将其记录以表感激：

其五

论绘谈诗博奥殚，驱车终日看山峦。
雨中湖水迷千里，地底钟岩幻百观。
生事羡君书卷里，村居示我画图间。
主人款客多风雅，一曲鸣琴着意弹。

游历了英国、法国、德国之后，她去了意大利。

对于意大利，她是有执念的。毕竟，小时对于庞贝古城的心心念念，到如今依然在。只是这个地方没有故交，亦没有学生。

不过，坐火车去任何地方还是很方便的。于是，她先坐车到了罗马，将行李寄存到车站的储物柜里，只随身携带一个小包就开启了自己一天的旅行。

像佛罗伦萨、威尼斯这样的小城，她是走路游览的。时值暑假，当地有许多人家会拿出一间房子出租，还提供一顿早餐。于是，她便租住了一间这样的房子。一个人的旅行，她安排得极简。早晨，她吃过出租人家的早饭，就拿着小包出发了。小城里古迹遍地，一个教堂挨着一个教堂，一个艺术馆挨着一个艺术馆，只要走路就可以将它们游览；中午，她则找一个安静的地儿，解决午饭，用一些水果、饼干果腹之后，继续游览。黄昏时分，她就回到出租的地方歇息。如此独游，甚是自在。

不过要游罗马，游庞贝古城，这个方法就行不通了。

罗马很大，庞贝古城又很远，她便参加了一个旅行团。关于罗马、庞贝古城之游，她亦记录在自己的《欧游纪事》中，记为其六、其七：

其六

颓垣如雪自殷红，罗马王城落照中。
一片奔车尘漠漠，数行断柱影憧憧。
千年古史殷谁鉴，百世文明变未穷。
处处钟声僧院老，耶稣十架竟何功。

其七

偶来庞贝故城墟，里巷依稀残灯余。
几蠹断楹前代寺，半椽空宇昔人居。
惊看体骨都成石，纵有瓶缶储亦虚。
一霎劫灾人世改，徒令千载客唏嘘。

欧洲行的最后一站是瑞士。在《欧游纪事》中，她如是记述：

其八

行行欧旅近终途，瑞士湖山入画图。
蓝梦波光经雨后，绿森峦霭弄晴初。
早知客寄非长策，归去何方有故庐。

> 独上游船泛烟水，坐看鸥影起菰蒲。

行过的路越多越远，她的思乡之心就越切。诚如她自己所说："其实，我最想去的地方是北京。"

万水千山走遍，几多古迹、几多美景看遍，她最想回到的，还是她的北京。她的根、她的魂都在北京，那里有她无忧欢愉的童年，有她诗词启蒙的伯父，亦有启发她步入诗词道路的恩师。走过数十年春秋，她写诗亦写论文，更有所小成。她是多希望能与伯父、恩师分享。

可惜一直未能成行。在海外，她始终是个没有归宿的飘零客子。

还乡探亲

1

"人情同于怀土兮，岂穷达而异心！"此乃王粲《登楼赋》中的句子。意思是说：人之怀念故乡之情是相同，绝不会因仕途顺畅与否而有所不同！

如此句子，对叶嘉莹触动甚深。在海外多年，每当念到杜甫《秋兴八首》中"夔府孤城落日斜，每依北斗望京华"的句子，她都会情不自禁泪湿眼眶。

有生之年，她不知能否回到日思夜想的故乡。

其实，海外几年，她时刻都在关注着回家的事宜。早在1970年加拿大与中国正式建交之际，她就给大弟嘉谋写了一封信。信的地址，写的是她魂牵梦绕的老家地址：察院胡同23号。令她激动不已的是，她收到了回信，是由大弟亲笔写的。

只是互通了书信，她还不能够立即回去。

1973年，她开始申请回祖国大陆。彼时，中国大使馆在渥太华，她已经结婚的大女儿居住的城市是多伦多,离渥太华比较近。于是,她先飞往多伦多,然后由大女儿陪同一起去了渥太华。当时,中国驻加拿大大使是章文晋,其夫人名张颖。

她去的那天,正好章文晋在接待一个中国古文物展览在加拿大的访问团。于是,其夫人张颖接待了她。那天,她还很意外地见到了访问团中的辅仁大学的同班同学史树青。这世界说大很大,说小很小。

1974年,她终于获得了回大陆探亲的资格。可惜的是,在外漂泊二十多年的父亲没能等到,这让她遗憾,感慨万千。父亲自1949年从上海去了台湾后,再没能踏上故土。而父亲病逝,距她回大陆已经过去三年。

有时,真觉世事弄人啊!而她此行,亦带上了父亲这份浓稠得化不开的乡愁。

人说,"近乡情更怯",叶嘉莹更是如此。此际,距离她辞别故乡已有二十六年之久了。

飞机抵达北京,正是华灯初上之际。从北京上空可见稀疏的灯火,当即她就泪流满面。激动之余,她创作了一首两千七百多字的长诗——《祖国行》,开篇即表达了自己这份心情:

卅年离家几万里,思乡情在无时已;
一朝天外赋归来,眼流涕泪心狂喜。
银翼穿云认旧京,遥看灯火动乡情;
长街多少经游地,此日重回白发生。
…………

二十六年,弹指一挥间,可于她,却是漫长而艰辛的光阴。过程,太心伤!

当时,大陆尚处"文革"之中。所以,她回乡是在中国旅行社的安排下进行的。到了北京,她被安排住进华侨大厦。其实她最迫切想去的还是那个老屋,魂牵梦绕的老屋。

恰好一到华侨大厦就与提前等在那里的弟妹一家会合了。于是,他们一行人立马叫了车回家。曾经的四合院仍是那个四合院,只是成了大杂院。大弟一家,还是住在西屋;小弟一家,则住在南屋靠里面的两间。北房、东屋,被分配出去给外人居住了。

大门上"进士第"的匾没有了,大门两边的石狮子也被砸烂了……踏入大门那一刻,她看着这曾经熟悉现在陌生的一切,仍觉得是一场梦,很不真实。

但是,总算兜兜转转地回来了。于她,亦是最幸福的事情。

她与弟弟们一起说着三十年前的那些往事,说母亲,亦说伯父、伯母,也说那时的他们……只是,一切成追忆,父辈们都不在了。

诚如她在《祖国行》诗中所写的"床头犹是旧西窗,记得儿时明月光",一切美好的过往,皆成心底紧紧攥着的回忆。

其实那个时候的她,最盼望见到的除了伯父外,还有她的老师顾随先生。可惜顾随先生早于1960年逝去。于她而言,伯父、老师在她的成长之路上影响最大。一个,教她读书学诗、鼓励她习诗;一个,给她以文学启发,让她真正体会到中国诗词的高远幽微之意境。

而彼时,她已出版著作《杜甫秋兴八首集说》《迦陵存稿》《迦陵谈诗》《迦陵谈词》，亦发表了像《论杜甫七律之演进及其承先启后之成就》《由〈人间词话〉谈到诗歌的评赏》《从〈人间词话〉看温、韦、冯、李四家词的风格》等学术论文。

这些成绩就似她要交的卷，她想要给伯父和恩师看一看。可是，他们都不在了。

这就是人生吧，总有诸多的憾事在上演。

2

在北京陪着家人住了一些时日后，她想多看看祖国的大好河山。在旅行社的安排下，她开启外地参观之行。

因时期特殊，旅行社给她安排的参观地都是与革命有关的地方。她不但参观了北京的工厂、公社，还参观了大寨、南泥湾、延安等地。她辞别故乡时，中国还是个被战乱蹂躏的贫瘠国土，而今，她目睹了中国革命取得的丰功伟业。

在大寨，她看见了在七沟八梁的大地上开辟出的农田，高粱玉米长势良好；正是桃子成熟的季节，她还吃到了汁水特别多的桃子。想起抗日战争的艰苦岁月，真的是感动不已。

在南泥湾，她听闻一个当年的老红军讲他们一手拿锄头，一手拿枪支的开荒事迹。他们还自己开窑洞、编筐、纺线织布；他们还用桦树皮当纸，用炭当笔写字学习。这些都让她感动非常。

在延安，她参观了毛主席和周总理各自住过的窑洞。

之后，她从延安到了西安。在古迹众多的西安，她见到了半坡遗址，参观了历史博物馆，华夏文明的丰厚文化历史让她感慨万千。后来她忆起这些时，感慨地说："中国真是很奇妙的，不出国你还没有感觉，出国了再回来，你就会知道，中国的历史是那么悠久，源远流长；中国的文化是那样深厚和丰富。温哥华的气候很好，大自然的风景也壮美。中国北方的风沙很大，西安附近的庄稼都是灰色的，因为上面有一层土，自然环境没法跟温哥华比。我每次有这样的感觉，你乘坐飞机回到温哥华，看到外面的景色挺美的，有山，有水，到处都是花；可是你忽然间就觉得缺了什么东西，空荡荡的，文化一下子不知道跑到哪里去了。"

这就是中国人常说的文化根吧，作为中国人，这就是我们的魂。对于身在海外飘零多年的叶嘉莹而言，更如是！

她从西安又飞往上海。曾经，她去过的上海，还是歌舞升平的繁华的城；而今，她再去已不见那个"不夜城"，反而看见许多晨练的人。

上海之后，她又去了杭州。杭州城美景无穷，然由于她行程所限，只匆忙一瞥。

离开杭州，她就回到了广州，这是她回祖国大陆时踏上的第一站。之后，她从这里出发回到温哥华。

她真的想去桂林。听闻桂林山水美，她很想去看看。于是，她跟旅行社的人商议一番，最后终于成行。尽管没有人给安排，但她在当地人的热心帮助下还是领略到桂林之美，还拍了很多非常漂亮的照片做成幻灯片。这让她回到温哥华后，拿来给北美的朋友、学生放映了好多次。

桂林之行后,她心满意足地踏上了返回温哥华的路途,而激动、兴奋伴随了她一路。真好!山河岁月中,能有此行慰藉她那颗赤子之心。

倾谈七　归来·树蕙滋兰

树蕙滋兰,始终是她最大的愿望。初心成真,于她而言才是世间最大的幸福。

痛别爱女

1

年少时看到落花满庭,菊花不败,她随口吟出:"群芳凋落尽,独有傲霜枝。"

伯父听了,如是说道:"这孩子看起来柔弱,内里却坚韧无比,想必以后遇到困难,总能坚持得住。"

最初,是母亲的溘然长逝,后是丈夫的突然入狱,她亦被牵连带着吃奶的大女儿蹲班房。

而后,丈夫出狱后性情突变,她一人拖着一家老小五口人在北美讨生活。辗转半生,可谓历尽了人生的悲苦,但每一次都由诗引领迈过去了。

她始终记得老师顾随先生所说的:"世上都是无常,都是灭,而诗是不灭,能与天地造化争一日之短长。万物皆有坏,而诗是不坏的。"

这句话如同一束光,照在她的昏暗时刻,让她为自己锻造一身铠甲。而诗,每一次都成为疗救她人生的药,让她于古人以悲欢、遗憾、壮阔所铸造的世界里，领悟到如何超脱现世的烦扰纷乱。

只是这一次，痛太大。

那是在1976年的春天，一年一度的亚洲学会在美国东部如期举行。

身在温哥华的她，先出发到了多伦多看望自己的大女儿。大女儿一直是她的骄傲，不仅能干还非常体贴。每次她去多伦多，总是为她忙着张罗，作为家里第一个学会开车的人还开车带她到处游玩。

这次依然如此。离开的时候，大女儿偕同丈夫一起开车送她到机场，体贴入微。

之后，叶嘉莹又转道到了费城。此时，小女儿和她先生一起正在费城念硕士。彼时的她，真的既欣慰又高兴。出来开会，可以顺便看看大女儿，又看看小女儿，真的是逍遥自在。

可是，叶嘉莹刚到费城的当天晚上，就接到了赵钟荪从温哥华打来的电话，说大女儿出事了。

当即，她就觉天旋地转，山崩了，地也裂了。这个世界，怎么会如此残忍对她。

她的大女儿非常喜欢滑冰、滑雪，那天应该是去滑雪。

大女儿和丈夫一起，开车经过一个十字路口的时候，红绿灯显示是黄灯。黄灯，不像红灯、绿灯直接告诉你是停止还是通过，黄灯需要自己看，自己判断能否经过。结果，有一辆很大的卡车在这时冲了过来，正在过黄灯的他们夫妇的车被撞上了。当场，夫妻俩就身亡了。

噩耗在耳，她几近昏厥。不过，她还是保有了一个母亲的坚强。

在小女儿的陪伴下，她立即飞往多伦多。她要亲自为他们安排后事。

一切安排妥当后，她就飞回温哥华。

她是个坚强的母亲，但她亦需要疗伤。

白发人送黑发人的痛，对于她而言完全是不能够承受的生命之重！

2

痛失女儿的她，把自己关在屋里，不肯见任何人。她是不愿意让任何人看见自己悲伤的样子，她要闭门疗伤。

悲痛欲绝的她，将自己关在房里数十天，写下了哭女诗十首，题为"一九七六年三月廿四日长女言言与婿永廷以车祸同时罹难，日日哭之陆续成诗十首"：

噩耗惊心午夜闻，呼天肠断信难真。
何期小别才三日，竟尔人天两地分。

惨事前知恨未能，从来休咎最难明。
只今一事余深悔，未使相随到费城。

哭母鬐年满战尘，哭爷剩作转蓬身。
谁知百劫余生日，更哭明珠掌上珍。

万盼千期一旦空，殷勤抚养付飘风。
回思襁褓怀中日，二十七年一梦中。

早经忧患偏怜女，垂老欣看婿似儿。
何意人天劫变起，狂风吹折并头枝。

结褵犹未经三载，忍见双飞比翼亡。
检点嫁衣随火葬，阿娘空有泪千行。

重泉不返儿魂远，百悔难偿母恨深。
多少劬劳无可说，一朝长往负初心。

历劫还家泪满衣，春光依旧事全非。
门前又见樱花发，可信吾儿竟不归。

平生几度有颜开，风雨逼人一世来。
迟暮天公仍罚我，不令欢笑但余哀。

从来天壤有深悲，满腹酸辛说向谁。
痛哭吾儿躬自悼，一生劳瘁竟何为。

悲痛中，她开始绵密地回忆与大女儿的过往。1949年暑假，台湾左营。一天的拂晓时分，她开始破羊水。于是，赵钟荪就将她送到了军区的医院。

可是到了那里，一个人也没有。直到晚上快8点的时候，赵钟荪的姐姐急了，忙去找大夫，原来妇产科的大夫早走了。幸亏姐夫在海军的地位很高，他们帮要了一辆吉普车，将她拉到了高雄。

当时，高雄医院是个私人医院，晚上正好开业。于是，她一个人坐在那里等，或许因为她羊水流完，肚子消下去很多，也不疼，医生看着她没什么问题，一直没来理会她。当听了她的说明后，医生立马紧张起来，马上给她打了催产针。

此时，已经是晚上9点多了。这个时候对她和孩子而言，都很危险了。

大概11点的时候，她的肚子开始疼起来。但是，没能立马生下来，整整疼了将近十六个小时后，才生下大女儿。

所以，她时常觉得大女儿从一出生就经历了颇多危险。

而后女儿半岁左右，赵钟荪被抓；一岁多，又跟她一起经历牢狱之灾；再之后，跟随她一起寄人篱下。如此的小小的女儿，可谓遍尝变故，毫无安定之言。

女儿在成长之路上，真的是经历颇多危险。那时，她独自一人带着女儿在光华女中教书。因为女儿小，需要人照料，于是她找来一个台湾女孩帮她带孩子。

一天，她正在上课，照看女儿的台湾女孩突然来找，说她女儿跌了一跤，把下巴给磕破了。她赶紧放下课本，带女儿去校医室包扎，幸而磕得不太厉害，清洗一下上了点药就好了。

还有一次，她带着学生出去参加校活动，又把女儿交给了那个女孩照看。结果等她回来，看见自己的女儿半边脸都包着。问询才知道，她们俩在外边走着，突然女儿跌倒了，这时旁边正好有个牛车经过，就把女儿的脸给蹭了。

幸运的是，这两次受伤脸上都没有落下疤痕。后来，赵钟荪被释放了，他们一家也从光华女中到了台南的一个学校。有一天，她女儿在院子里的大树旁玩，忽然掉下了一根竹竿，不知为何那么巧正好落

182

到女儿眼睛旁边，还好没有伤到眼睛。

再就是在哈佛大学的那一年，在密歇根州立大学上大一的女儿学溜冰摔了一跤，且很严重，还住了好几天医院。但是，女儿没敢告诉她，她还是后来听女儿的同学说起才知道。

对于这个一出生就常遭遇各种灾难的女儿，她一直是心疼不已的；而这一次灾难如此深重，于她而言，真的痛心到无法承受。

本来大女儿1973年结婚，小女儿又于1975年也结了婚，而她工作稳定，学术上亦颇有成绩，她是倍觉欣慰的。

想自己这一辈子，可谓千辛万苦，经历颇多坎坷，奋斗过、挣扎过，亦坚强过，总算熬了过来。在她的安排下，这个家变得很好，女儿们都有了幸福美满的归宿。于她而言，诚如古人所说的，可谓"向平愿了"。

然而，一切事与愿违！

命运待她如此残忍，让她经历坎坷万千，好不容易挨过半世忧劳艰苦的生活，竟然在五十多岁的晚年遭遇如此重大的不幸。

诚如她所写，真是"平生几度有颜开，风雨逼人一世来"！

乘诗归来

1

1977 年，叶嘉莹带着小女儿和丈夫一起回祖国大陆探亲。失去爱女的伤痛依然在，又因为近乡而心存颇多感慨。

最开心的是小女儿。为了这次回来，她专门买了个高级相机，还将每天的游玩都记录下来，或写成笔记，或记成日记。

对叶嘉莹而言，最欣慰的是看到中国诗歌的传统还在。在去西安的火车上，她看见有个年轻人拿着一本《唐诗三百首》在读；在爬长城的时候，买到一本《天安门诗抄》；在参观各地古迹时，她经常能听到当地导游朗朗上口背诵古人佳句、名篇；她还听闻周总理去世那一年的清明节，天安门广场上写下了很多诗。如是等等，皆让她心里有说不尽的触动。

文化的种子一直潜植在广大人民的心底，这让她感动不已。为此，她还口吟了一些小诗。

其中，有两首如是写道：

> 诗中见惯古长安，万里来游鄠杜间。
> 弥望川原似相识，千年国土锦江山。
>
> ——《纪游绝句十一首》之一
>
> 天涯常感少陵诗，北斗京华有梦思。
> 今日我来真自喜，还乡值此中兴时。
>
> ——《纪游绝句十一首》之二

  本来她以为自己平生所学，没有办法报效祖国了。然而，这一趟行来，她觉得可以将自己所学有所用了。回祖国大陆教书的念头开始在她心底疯长，因此，一回到加拿大，她就着手申请回祖国大陆教书的事情。

  1978年的春天，她正式给国家教委写了一封申请信，一表自己愿意利用假期回祖国大陆教书的渴求。寄信的那天，是黄昏时分。穿过一片茂密的树林，到达马路边的邮筒前，于落日余晖下，她将这封信投进去，如同投递出满手的芬芳。

  只是，返回来的时候，还是有了些许伤感。天色渐暗，让她顿生年华老去的惶恐，此际她已五十五岁。年过半百更让她体悟到古人说的"一寸光阴一寸金"；满林归鸟，则更增添了她的思乡之情。她明白，若这次申请不能如愿，自己的美梦亦将随之幻灭。终究她尽力而为了。"漫向天涯悲老大，余生何地惜余阴"，就让遗憾在心头吧！

  等待的过程，于她而言是一种折磨。她时刻关注着国内关于教育方面的报道，也终于看到了一则令她心欢喜的消息。这则消息说"文革"中许多被批判过的老教授得到了平反，其中就有她见过一面的李霁野教授。

仿佛看到了一线希望,她立马给李霁野教授去了封信。当年,她初到台湾时,遵顾随老师叮嘱曾到台湾大学看望过李霁野先生,其后不久因"白色恐怖",李霁野先生离开台湾回到大陆。之后他们完全隔绝了信息,算来已经有三十年了。忽看到李霁野先生的消息,真的让她喜不自禁。

很快,她收到了李霁野先生的回信。信中,李先生热情地跟她分享了当前国内的教育形势,"文革"已经成为过去,一切在转变,高考制度亦已恢复。

如是回复,于她而言,犹如甘露,让她始终悬着的一颗心落下来不少。

因此她写下两首绝句,一表她此刻的心境:

> 却话当年感不禁,曾悲万马一时瘖。
> 如今齐向春郊骋,我亦深怀并辔心。

> 海外空能怀故国,人间何处有知音。
> 他年若遂还乡愿,骥老犹存万里心。

——《再吟二绝》

人说,"念念不忘,必有回响"。果然不久,她寄出的申请有了回音,回祖国大陆教书之愿梦想成真。

2

　　1979年春天,她再次回到祖国大陆。这一次,与前两次有大不同。这一次,她乘诗而来,要到北京大学教书。

　　来机场接她的是教育部的赵翼先生。负责接待她的是北京大学的几位老师,他们热情而好客,如同故知一般,将她安顿得很好。而宴请她的是时任北大校长的周培源先生。她一颗欲尽绵薄之力的报效之心,总算有所投了。

　　此后时光,她就将所有情感和精力,投注到教书这件美好的事情上,并从失去爱女的悲痛中坚强地走了出来。
　　如是真好!

结缘南开

1

心欢喜的时候,她最喜欢写诗来表心境。第一次回祖国大陆教书时,她写下这样一首绝句来表达喜悦:

> 构厦多材岂待论,谁知散木有乡根。
> 书生报国成何计,难忘诗骚李杜魂。
> ——《赠故都师友绝句十二首》之十二

不过,她在北大教书的日子不长,就去了南开大学。这是因为在南开的李霁野先生。他知道叶嘉莹讲学的安排后,便极力以师辈的情谊邀请她去南开。于是,在答应了李霁野先生的邀约后,她就结束了北京大学的短期讲课。为此,李霁野先生专门派来了中文系的任家智先生和一名外事处的工作人员到北京来接她。

来接她的任先生特别懂她,对她说:"我们来接你,不是要你马上就走。这么多年你都没回来,我们可以陪你四处游览一下。"

去哪里呢？后来，他们几个商量定的是西山八大处，而后顺便再去看看碧云寺和卧佛寺。

到碧云寺，他们一起来到中山堂，中山先生的衣冠冢在这里。这一天，中山堂正举办画展。一进门，她就看见右边墙上挂着的一张屈原的画像。对屈原她一直都很景仰，而这张画像恰尽将屈原的感情都表现了出来，无论神情还是样貌，皆是她心目中所想象的屈原的样子。于是，她举起相机正要拍下来，却有人突然用杆子将这幅画摘了下来。

没能拍下来，她心生万千遗憾，询问工作人员为何把画摘下来，工作人员便指着一位游客说，这位客人买下来了。

无奈，即便心有遗憾，也没有办法。还是旁边的任先生安慰她，对她说这幅画的作者是南开校友范曾。他认识范曾，以后肯定有机会见到他的画。

参观碧云寺的次日，她就随任先生他们一起来到天津。当时，天津还没有专家楼，于是她被安排住进解放北路的天津第一饭店。时值春天，街角墙边已绽放了很多或粉或红的花朵。

第二天上午，在天津第一饭店，她见到了李霁野先生。此际的李霁野先生，较三十年前苍老了些，但精神矍铄，热诚依旧。故友相见，他们除了聊生活和工作，更多的是聊台湾那些老友。

李霁野先生最怀念的是台静农先生。他们二人是同乡，亦是同学，年轻时一起离开老家安徽到北平，又一起追随鲁迅先生参加未名社，还一起被国民党政府关进过监狱。如此交集，如此缘分，这世间能有几人可有！

如今，海峡虽隔断了他们的来往，但却割不断他们之间那份深浓的情谊。

愉快的聊天中,她的南开教学之缘分就此铺陈开来。而后的人生时光,她将在南开大学度过,美好的、欣慰的、感恩的、诗意的岁月时光!

2

在南开,她开的课程是"汉魏南北朝诗"。从建安时代讲起,每周两节课,一节课两小时,上课地点是主楼一楼东侧的阶梯教室,可容纳三百人。

她的课,一如既往地受欢迎。三百人的阶梯教室,总是挤得水泄不通。

当时,中文系主任是朱维之先生,朱维之先生精通英语、日语、俄语等多国语言,1928年即翻译出版了爱尔兰作家叶芝的诗剧《心所向往的国土》,更有多部译作问世。

朱先生亦喜欢古诗词。故而,他像个学生一般也挤入听课的"大军",且每次跟同学们挤坐在第一排,认认真真地听完每一堂课。

起初,看着身体康健、精力旺盛的朱维之先生,她还只觉他不过六十岁左右,直到那年五四运动六十周年纪念大会上,听闻朱维之先生讲述自己当年参加五四运动的情况,才获知朱先生竟已七十四岁高龄了。本来,叶嘉莹看着朱维之先生每次来听课就惶愧了。这之后,再见他来就更是不安了。天气热起来时尤其如此。

下午两点到四点的课，教室里挤满了人，每个人都汗流浃背的，然而，朱维之先生依然端坐在那里，从容而淡定。动容于如此的朱维之先生，她专门写诗一首赠他：

余勇犹存世屡更，江山百代育豪英。
笑谈六十年前事，五四旗边一小兵。

——《天津纪事绝句二十四首》之五

其实，来南开之前，她未曾想过自己的课会如此受欢迎。她依然承袭顾随先生的讲授方式，以跑野马的形式来讲课，此前皆深受学子们的喜欢。

而今，南开学子们听的课都是传统的讲法，很少有这样天南海北的讲课方式，固然成为惊喜，自然听到痴醉。

因此，来听课的人越来越多，以至于整个教室内连讲台边、教室门口都是人，盛况空前。如此，也就不难理解朱维之老先生每每都来的心境了。

发展到后来，她连走进教室、步上讲台都成困难。

中文系想到了一个发听讲证的办法，才解决了她进教室、登上讲台难的问题。然而，教室的阶梯上，教室后的墙边、窗口，仍然挤满了或坐或站的人。而天气越来越热，彼时还没有空调这一设施。每日，挥汗如雨成了他们的日常，但他们热情不减。

讲课、听课，就这样如火如荼地进行着，诗意流泻，倾洒角角落落。

除了这样的日间课,她还增开了晚间课,讲授唐宋词。夜间课火爆,听课的人依旧挤满了整个教室,且到下课时间还不肯走。诚如她所写绝句:

白昼谈诗夜讲词,诸生与我共成痴。
临歧一课浑难罢,直到深宵夜角吹。
——《天津纪事绝句二十四首》之二十

大家听她讲课的热情简直太高涨了。简直是如痴如醉!这让她欣慰不已。初心成真,于她而言才是世间最大的幸福。

3

当时,聆听过她讲课的学生单正平,曾如是回忆说:"她吟花,我们看见花在摇曳绽放;她咏水,我们眼前有水回环流荡;她说雾,我们觉得四周一片片岚霭迷茫;她唱风,我们能感到秋木枝叶在寒气中颤动飘扬;她念到黄鹂黄莺,我们好像听到真有鸟儿在窗外鸣啭欢唱……"

能听到这样诗意讲课的学生,真的是太幸福了。

事实上,在南开迷醉在她这种诗意讲课中的,除了本校的学生、老师外,还有外校的师生,甚至社会人士。

当时,天津著名的书法家王千女士就在其中。王千女士曾托一位女教师从讲台下传递给叶嘉莹一把扇子。黑色的扇面,上面用朱笔以隶书写就一阕《水调歌头》。

这阕词,恰是她前几天在课堂上偶然分享的自己的词作:

天涯常感旧,江海隔西东。月明今夜如水,相忆有谁同。燕市亲交未老,台岛后生可畏,意气各如虹。更念剑桥友,卓荦想高风。

虽离别,经万里,梦魂通。书生报国心事,吾辈共初衷。天地几回翻覆,终见故园春好,百卉竞芳丛。何幸当斯世,莫放此生空。

——《秋日有怀国内外各地友人》

此乃是她1978年秋天决定回国教书时,写下的一阕词。写成后,她曾寄给以前在台湾教过的学生,寄给过在美国的友人,以及在北京的一些亲友、旧日的同学。

扇面上,除了这阕词,还写了上款。但是,没有下款的署名,只盖了一个小小的图章。不过,看笔法此书法极有功力。

后来,她才知晓出自书法家王千女士之手。于是,为了感激王千女士所赠,她特意写就一首诗赠予王千女士:

便面黑如点漆浓,新词朱笔隶书工。
赠投不肯留名姓,唯向襟前惠好风。

——《天津纪事绝句二十四首》之十二

欢愉的教学时光,总是过得很快,一晃眼在南开的约定课程期就结束了。不舍,开始流淌在南开大学的上空。

在一个夏日的午后,中文系专门为她举行了一场欢送会。天气很热,但来参加的人很多。不仅有中文系的师生,还有许多旁听生。朱维之老先生也来了,他还专门致辞,这让她感动不已。最让她感动的,是中文系致送给她的一份礼物。

这份礼物,竟然是范曾先生画的另一张屈原像。这对她来说太惊喜、太意外了。这不仅弥补了她先前于碧云寺时的遗憾,更让她深感到南开师生们如海一般的盛情。对此,她唯有用自己最爱的诗以回报。她写:

题诗好订他年约,赠画长留此日情。
感激一堂三百士,共挥汗雨送将行。

当时观画频嗟赏,如见骚魂起汨罗。
博得丹青今日赠,此中情事感人多。
——《天津纪事绝句二十四首》之二十一及二十二

用她爱的诗,结束这一讲课期,于她而言是欣慰亦是满足。她始终记得李霁野先生的诚挚之邀;亦记得初见南开杨石先校长时,他送给自己的一册线装极精美的李清照词集;还记得南开马蹄湖畔的一片荷塘……

两个月很快,亦很短暂;然而,她与南开大学的缘分却就此深结!而后时光里,她将与南开大学有一个浓稠得化不开的联结!

树蕙滋兰

1

树蕙滋兰,始终是她最大的愿望。

自 1979 年于北大、南开短暂开课之后,回到加拿大的她再没办法将这脚步停下。诚如她在南开欢送会上题诗中所言"题诗好订他年约",第二年,她又申请回来。她在的不列颠哥伦比亚大学暑假放得早,4 月初她就能回来,可以教课到 6 月中旬 7 月初。

此外,这个大学还可每隔五年休假一年,只不过代价是休假的一年只能有 60% 的薪金。与教课相比,薪金成了身外之物。故而,她曾在 1981 年到 1982 年、1986 年到 1987 年间,申请过两次各一年的休假。

这两次休假,让她得以在 1981 年的暑假后在南开大学教了一个学期的课;在 1986 年 9 月至 1987 年 4 月在南开大学又教了半年多的课。

那时,虽然她与南开大学的缘分深结,但她并没有固定在南开开课。她步履不停,教了很多地方的学生。比如,西南有成都、昆明,东北有哈尔滨、沈阳、大连,北方是北京、天津,东南则是南京、上海,西北是兰州、乌鲁木齐。在每个地方,学校不止一个,比如,北京有北京大学、北京师范大学、首都师范大学;天津有天津大学、南开大学、天津师范大学;南京有南京大学、南京师范大学;上海有复旦大学、华东师范大学;乌鲁木齐有新疆大学、新疆师范大学;等等。

1989年,她被台湾新竹清华大学请去短期讲学。

曾经,因1974年她回大陆探亲旅行有感写了那首《祖国行》的长诗后,台湾当局一度认定她是"附匪"——不仅跑到大陆,还说了很多赞美的话。时年,台湾《联合报》曾用半版的篇幅发表了一篇题目为《叶嘉莹你在哪里》的文章。就此,她被台湾当局"封杀"。

过去刊发她作品的杂志都不敢跟她要稿子了;过去经常刊登她稿子的刊物,当期的刊物都已经印出来了,但接到当局通知,只得把她的稿子抽出去;各学术会议也再不敢邀请她了。

还好,1987年,台湾持续三十八年的戒严令解除。也就是这时,台湾新竹清华大学第一个向她发出了讲学邀请。当年她离开台湾时,新竹清华大学的人文社会学院还没有成立。不过,时任新竹清华大学文学研究所所长陈万益、中文系主任吕正惠,都是她当年在台湾大学教过的学生。如此说来,也算有渊源了。

这一次,讲学场面是盛大的。演讲的礼堂很大,大约可容纳一千五百人的礼堂座无虚席。原来,多年没有音讯的她突然回来,当地很多报纸就将她演讲的消息刊发了出来。一时,不仅新竹的人都来了，台中、台北等地方的人也赶来了。

毕竟，当初在广播电台讲大学国文、在电视台讲古典诗词的她，是许多台湾人都知晓敬重的学者。这场演讲是热烈的，亦是盛大的。

后来，她执教过的台湾大学、淡江大学、辅仁大学也纷纷邀请她讲学。于是，她就制订了一系列的演讲题目。这一次台湾之行，就从新竹到台北，一路讲了下来。

而她的这次台湾演讲，亦被台湾各大报纸连篇报道，盛况空前。这于她而言，是感动和欣慰的！毕竟，树蕙滋兰是最令她开心的事情，不管在哪里。

2

1989年，她六十六岁了。这一年，她从不列颠哥伦比亚大学正式退休。

这一年，她应邀赴台新竹清华大学客座讲学一年，并同时在台湾大学、辅仁大学、淡江大学等校演讲。

她退休后，南开大学、复旦大学、南京大学纷纷向她抛来橄榄枝。她最终选择的还是南开大学。究其缘由，还是她跟南开大学有着曼妙缘分。

她曾如是说：一则是因为天津离故乡北京比较近，京津之间来往比较方便，毕竟她还有不少老家的亲人在北京城；二则是因为当她1979年初来南开讲学时，在李霁野先生热心关照下，南开大学中文系给了她亲如家人般的感受；三则是因为她的学生安易（作为她的学生,安易对她特别好,后来成了她的秘书),她曾问过安易是否愿意跟随她,安易表示若在天津一定跟随,因为尚有老母亲需要照顾而不能离开天津。凡此种种,她决定到南开来。

其实,除了她,她们叶家跟南开的缘分亦颇深。她的侄子叶言材于1978年参加高考,当年没考过,第二年继续考的时候,就想报考广州的暨南大学。正是叛逆期,他想跑得离家越远越好,然而,他父亲也就是叶嘉莹的弟弟不同意,弟妹也心疼。恰好叶嘉莹这年开始在南开教书,于是,她就建议弟弟让侄子考南开。

侄子果真报考了南开,并且被录取了。后来,侄子毕业后赴日本进修,获得硕士学位后留在九州大学教书。

侄子认识了后来成为侄媳的桐岛薰子。桐岛薰子亦与南开大学有了一段缘。

原来,桐岛薰子在日本的NHK电视台做新闻节目。她非常喜欢历史,她的大学老师跟她说,研究亚洲历史一定要熟悉中国,要到中国留学。于是,她开始做去中国留学的准备。首先需要解决的是学说中文,有人建议她去找九州大学的叶言材,就这样他们相遇了。

后来,跟着叶言材学习中文的桐岛薰子就成了叶嘉莹的侄媳妇。再后来,到中国留学的桐岛薰子选了叶言材的母校——南开大学。

这样看来,她们一家跟南开大学真的是有缘分。而她亦信守当年"更约他年我再来"诗句中的盟诺,经常回到南开。于此,树蕙滋兰,不亦乐乎!

薪火相传

1

1990年,她六十七岁。这一年,她当选了加拿大皇家学会(The Royal Society of Canada)院士。皇家学会,为加拿大学术界的最高机构;她获得的院士殊荣,自然是最高荣耀。

这一年,恰她还在台湾新竹清华大学客座讲学,因此没有亲自去领奖(第二年,即1991年,她领取该当选证书)。

这一年的寒假,南开大学再次诚挚邀约她到天津。在东方艺术系的演讲厅,由前一任校长滕维藻和时任校长母国光共同主持,为她获得加拿大学术界的最高荣誉而举行了一场庆祝会。

也是在这一年,南开大学时任外事处处长的庞颂丰,通过叶言材与她商议关于在南开大学成立一个研究所的事宜,并由她出任所长一职。

起初她是拒绝的。

原因是除了教书外,对于行政、人事之类她一窍不通,根本做不来。不过,她这一顾虑很快被校方消解,她不用管理这些事务。她只负责挂名就好，所有事务都由副所长来打理。

很快，崔宝衡先生来担任了研究所的副所长。

研究所成立，挂靠在汉教学院，叶嘉莹将它定名为"中国文学比较研究所"。之所以在"中国文学"之后加"比较"二字，是因为彼时她发现学校里修习古典文学的学生数量有了下滑的现象。改革开放不久，中国青年学生心理上形成了一种偏差，即对海外一切都感到新奇，而忽视对本土传统文化的学习。她将研究所定名为"比较研究"，一方面是为了吸收追求新学的青年，另一方面也因当时的研究所挂靠在汉教学院，有面向海外之意。

这一年，是1994年。

新成立的研究所举步维艰。南开大学只给了他们一些创办费，没有正式经费，亦没有正式办公室。他们的办公室，是从东方艺术系借来的一间房子。

因为没有正式经费，他们曾一度连电话费也没有，几难维持。幸亏她的侄子叶言材每年从日本带一些日本学生来学中国文化，开一些课弥补些经费。

这时，母国光校长亲自找上她说，若她能在海外募集到一笔捐款的话，就可以像日本研究所一样，也给他们研究所一块地，盖一座楼。

为此，她跟崔宝衡先生好好策划了一番。他们俩跑到位于老图书馆旁边的日本研究所，考察其建筑规模、功能使用等事宜，还特意到与学校沟通给用的几个地方勘察一番。最合他们心意的，是陈省身先生居住的宁园后边的小花园附近。

可是，钱如何来？这才是最迫切需要解决的问题。

找经费，于教了一辈子书的她而言，真的是难上加难。但是，为了使中华古典诗词的生命力薪火相传，她不仅应允了下来，还雷厉风行地去践行了。

说来，这也是一段起于诗词的善缘。先要提到的是不列颠哥伦比亚大学亚洲图书馆的谢琰先生，因其夫人施淑仪女士对中国古典诗词的热爱，而常常约叶嘉莹到他们家里去，有时是举办一场诗词讲座，有时也就是聚餐叙旧。当谢琰夫妇再次邀约她到家里小聚时，她就跟他们夫妇聊起研究所的事情。

说者无意听者有心，谢琰夫妇知道了她的难处后，就留意起来。恰好有一天，蔡章阁先生跟谢琰谈起推广中国文化的问题时，谢先生就向蔡先生介绍了叶嘉莹筹办研究所的事情。

巧合的是，蔡先生之前就在谢先生家里听过她的诗词讲座。

在蔡先生听的那堂讲座上，叶嘉莹讲的是清代张惠言的五首《水调歌头》。

此五首《水调歌头》，乃是张惠言写给学生杨子掞的，讲的是求学、修身、做人的道理。在她看来，这样的道理本来很难写进词里边去，但张惠言却写得极好，把形象、情意跟自己的道理配合得非常巧妙。

这与过往写美女、爱情、国家、政治、仕途的词完全不一样，因此，她讲得很是动情。

那天，蔡章阁先生是由小儿子蔡宏安陪着来听的，且一直听完才走。当时,她对蔡先生一无所知,认为他只是对她讲课感兴趣而已。后来,她才知晓,她讲的张惠言恰与蔡先生的理想有暗合。蔡先生年少时家境很不好,很小就出来做学徒工,后来虽小有成就,但经历过很多磨难。接全家到香港团聚时,乘坐轮船遇到战争留下的海上鱼雷,发妻和孩子全部遇难。家贫的他读过私塾,熟知四书,亦特别重视儒家之思想。

而她讲的张惠言亦出身很苦,且这五首词讲的皆是修身做人之道理,完全是儒家思想;于冥冥之中,便暗合了蔡先生的儒家之心。

作为大实业家,蔡先生事业有成,一直很热心教育文化事业。晚年退休后到了温哥华的他,曾捐赠一笔钱给不列颠哥伦比亚大学,建立了亚洲研究中心。

于蔡先生而言,晚年的理想就是要推广中国文化。故而,当谢琰谈起研究所筹款的事宜时,他一口答应,要跟叶嘉莹见一面细聊。

很快,她和蔡先生见了面。一番细聊下,蔡先生当即答应捐助一笔钱支持她建立研究所。

一切就此有了转机。

2

1999年,研究所于范孙楼落成。

蔡先生希望研究所在从事古典文学方面研究的同时,也能注意到儒家思想方面的研究,便提议以"中华古典文化"为研究所命名。叶嘉莹欣然同意。

就此，研究所定名为"中华古典文化研究所"。2000年，中华古典文化研究所正式列入南开大学研究生招生计划。至此，筹划了多年的研究所，虽然经历了不少艰难，但总算有了初步的基础。

一切渐渐步入了正轨。欣慰之余，她自己亦将在不列颠哥伦比亚大学所得的退休金之半数（十万美元，合人民币九十余万元）捐出，为研究所设立"驼庵奖学金"和"永言学术基金"。

此两笔基金的命名，亦是她亲自而设，且别有一番用意。

驼庵，乃她老师顾随先生之别号，用老师之别号命名这项奖学金，就是为了纪念恩师和回馈恩师。多年来，她对顾随老师一直心存愧疚，诚如她自己所言："我个人非常惭愧，多年来流寓海外，饱经忧患，没有能够按照老师的期望尽到自己传承的责任。现在觉得自己年岁大了，更因眼见社会上对古典文化传承的忽视和冷落的状态，所以想到用老师的别号设立一个奖学金，希望能借此给青年人一些鼓励，使他们能认识到在文化传承方面的责任重大。如果真的能使这一点薪火得以继续相传，也可以减少一点我对师恩的愧疚之情。"

对于她而言，让恩师的学术文化绵延久远，薪火相传，始终是愿想。故而，她由衷地希望，领到奖学金的学子们，所看到的不仅是这一点微薄的金钱，而是透过"驼庵"这一名称，真正了解和感受到薪火相传的重要意义与责任。

"永言"二字，亦饱含了她浓郁的深情。《毛诗·大序》中有"诗言志，歌永言"，作为一名从事古典诗词教学研究的工作者，她取的名字自然包含了这一层面的意思。

此外，她以"永言"命名，也是为了纪念她的大女儿言言夫妇。大女儿言言和女婿永廷的名字里，恰有此两字。

曾经因为他们的去世，她深受打击，痛到极致，乃至回国教书。在和学生们的共处中，才有了深的顿悟，于诗歌的薪火相传中，找到了自己生命的一个新的支点。

故而，她摘取了大女儿、女婿各自名字的一个字，做了这笔学术基金的命名。

生在这个世界上，她已从"小我"的家中走出来。痛失所爱之后，她只把余热交付，交付给她爱的诗词，继而将古时诗人的心魄、理想传递给下一代。

这便是她致力的薪火相传！

倾谈八　诗教·掬水月在手

如果人有来生，我就还做一个教师，仍然要教古典诗词。

诗意人生

1

于她而言,中华古典文化研究所是皈依,亦是希望。研究所落成后,她常常一个人到马蹄湖边去散步,面对"菡萏香销翠叶残"的景象,心中不免生了自伤迟暮之感。然而想到研究所已建成,且获得各方支持和赞助,她就心有所安了。

她有诗表达这样难以掩饰的欣慰及喜悦:

> 萧瑟悲秋今古同,残荷零落向西风。
> 遥天谁遣羲和驭,来送黄昏一抹红。

研究所大楼建成后,好事不断。先是她博士生导师资格批了下来,可招收博士生了。之后,她于澳门大学举办首届词学会议时,在会上和宴请席上遇到了澳门实业家沈秉和夫妇。作为诗词发烧友,沈秉和先生即席提出要为研究所捐款。

不久,一笔一百万元人民币的捐款由澳门邮汇过来。

说来，叶嘉莹与沈先生也是有一段诗词善缘的。沈先生非常喜欢诗词，在见到叶嘉莹之前的二十多年，他就曾在香港看过她著作的书，这给了他很多启发。只可惜，现如今他无法再做她的学生。

听闻他的这份热爱和遗憾，她将自己的一些讲课录像带寄给了他，还将自己于台湾桂冠出版社新出版的作品集寄给了他。

没想到，沈先生在收到她的唐宋词录像带后，又回馈她更多。他写信对她说，这么好的东西应该流传下去。2000年12月，沈先生亲自来到内地，从上海到山东，找各地出版社联系，只为把这些讲课的录像带做出来。

2001年的暑假，由沈先生出资举办的一个古典诗词讲习班正式开启。

讲习班主要培养的是师范院校的老师。这亦是沈先生和她共同的呼吁。他们二人一致认为，学生读不读诗词，爱不爱诗词，最关键还是老师教得如何。他们决定先从老师入手，开办了这个古典诗词讲习班。

开课当天，沈先生虽没能亲自前来，但他给讲习班的学生们写来了一封信，这让大家很受感动。

他写信来告知她，他的捐款由她按需要安排，不用经由他同意。而后，他邀约她到澳门，亲自送给她一个漂亮的莲叶形花缸——因知晓她的小名叫荷，亦知晓她对莲情有独钟。她亦有词赋予他：

新获莲叶形大花缸，喜赋。
莲露凝珠聚海深。石根萦藻系初心。红蕖留梦月中寻。

翠色洁思屈子服，水光清想伯牙琴。寂寥天地有知音。

——《浣溪沙》

而后多年，他一如既往地致力于文化事业。如是有诗意的沈先生，是入她心意的；如是有诗意的沈先生，亦为她南开的诗词推广事业助力不少。

她是不擅长言谢的人，但这些她都谨记于心，亦用自己最爱的诗词记述之。于她，蕴含无限诗意的诗词永是最好的回馈。关于沈先生，曾有词如是：

沈君才质敏慧，经常撰写文稿在港澳报刊发表，间亦写作小诗，其文笔诗情皆有可观，性嗜饮茶，一杯在手，神游物外，虽经营世务而有出世之高情，其资秉志意皆有过人之处，因为此词以美之。

记得初相识。正濠江、词坛高会，嘉宾云集。多谢主人安排定，坐我与君同席。承相告、卅年前日。偶阅拙篇兴感发，似云开、光影窥明月。百年遇，一朝夕。

陶朱事业能行德。况端木、论诗慧解，清才文笔。倾盖千金蒙一诺，大雅扶轮借力。看天海、飞鹏展翼。偏有高情尘世外，伴明灯、嗜读茶香侧。多少意，言难说。

——《金缕曲》

2

2014年春末,她九十岁了。南开大学特意为她庆祝九十岁的华诞。

是时,与宴嘉宾百余位。她感激地向众宾友致谢如是言:"如果人有来生,我就还做一个教师,仍然要教古典诗词。'莲实有心应不死,人生易老梦偏痴。'人生转眼之间就衰老了,我九十岁了,但只要还能站在讲台上讲课,我仍然愿意继续做这样的工作。"

七十年诗教生涯,她遍历过辛酸,亦经历过苦难,但永没变的是她对诗教的热爱——是如孩童一般的纯真热爱!

是的,多年来,她始终认同,诗歌中的力量可以使人的心灵不死,且亦不会随着时间而磨损消逝,反而更具有一种穿越时空之力量。

多年里,她一直以孕育和培养人心中的诗歌力量为己任。她亦有词如此抒发:

偶阅黛安·艾克曼(Diane Ackerman)女士所写《鲸背月色》(The Moon by Whale Light)一书,谓远古之世海洋未被污染以前蓝鲸可以隔洋传语,因思诗中感发之力,其可以穿越时空之作用盖亦有类乎是,昔杜甫曾有"摇落深知宋玉悲"之言,清人亦有以"沧海遗音"题写词集者,因赋此阕。

广乐钧天世莫知,伶伦吹竹自成痴。郢中白雪无人和,域外蓝鲸有梦思。

明月下,夜潮迟,微波迢递送微辞。遗音沧海如能会,便是

209

千秋共此时。

——《鹧鸪天》

　　人生海海，不仅蓝鲸可以"隔洋传语"，古人早曾言"托微波以通辞"。所以，中国古典诗词中自有所寻、自有所共鸣处。亦因为此，她将自己一生的"情思""真意"，皆寄托于她挚爱的古典诗词中。

　　回望她走过的人生，可知晓——她之所以能跨过曾遭遇的"白色恐怖"，走过颠沛流离，迈过感情离痛，以及拥有晚年良好之精神、身体，全然因着她心中的诗词力。

　　有诗词相伴，她即穿戴了盔甲，可抵御任何荆棘。亦因此，终其一生，她只做一件事，即致力于诗教。

　　也如是，她一生虽多艰，却始终能泰然处之，全因着诗词藏于心！

定居南开

1

自 1979 年起,每年 9 月她一定会从温哥华出发,次年的 3 月才飞返温哥华。三十几年,她从未失约过。每一年,她都如约而至,如燕归来。

只是,她的年龄一年大似一年,体力亦相应地一年不如一年。即便如此,她仍不带助理,沉重的书籍资料和随身行李皆由自己独立打理。

初心如此,信念如此,不辞劳苦如此,让万千世人动容。

在 2010 年 3 月的时候,有温哥华的友人问她返回加拿大的归期时,她曾写就一首小诗作答:

病中答友人问行程

敢问花期与雪期,衰年孤旅剩堪悲。

我生久是无家客,羞说行程归不归。

人生甘苦尝遍，于这浮生，她仍只是一个客子。她真正认同的家只有北京四合院的察院胡同 23 号。此乃她成长和生命的根。可是，察院胡同 23 号早于 2003 年被夷为平地。

家于她已不复存在了。风烛残年的余生，她已所剩无多。无论在眼前的天津，抑或彼岸的温哥华，她都只是一个过客。

因此，真正意义上的"家"成了她的魂牵梦绕。诚如她所说："我常常梦见我的老家北京，我进去以后院子还在那里，所有门窗都是关闭的，我也梦见我的同学到我老师那里，就是后海附近的位置，芦苇长得遮天蔽月，就是怎么也走不出去，我梦见我在课堂上听我老师讲课，我也梦见我在课堂上给学生讲课……"

曾经，老家被拆后，她随席慕蓉女士一起去草原寻根。现实中看得见的故乡没了，她不得已开始寻找那精神上的，那来源于血脉中的故乡。作为叶赫那拉氏的后人，她七十岁以后，曾多次去内蒙古草原，到达叶赫古城的遗址。

2005 年，她还写就《随席慕蓉女士至内蒙作原乡之旅口占十首》。其二，最可见她之飘零之慨：

余年老去始能狂，一世飘零敢自伤。
已是故家平毁后，却来万里觅原乡。

幸而，一切皆有转机。2013 年，关心她的两位友人，温哥华刘和人女士、澳门沈秉和先生，共同向南开捐献了一笔启动资金，为她安排筹集一处集科研、教学与生活居住为一体的住所。

他们俩说，年纪大了，不能再老坐飞机跑来跑去了，还是回来定居吧！南开大学校方亦积极回应。因知晓她喜爱荷花，学校特意为她选择了一处与马蹄湖相近的地方，作为修建学舍之基地。

不久，她于遥远的温哥华，写下一首小诗：

> 结缘卅载在南开，为有荷花唤我来。
> 修到马蹄湖畔住，托身从此永无乖。

字里行间，表达了她"托身白云还故乡"之谢意。"永无乖"更饱含了她的三重意愿：一表她将长久以此为家，而不必再远离；二暗喻她将以湖中之荷花的君子之德，自相惕厉，永无乖违；三意喻她对继起青年之学子的美好祝愿，因为"人虽可老，来者无穷，人生之意义与价值正是如此"。

确实，此学舍之建设，于她是最为妥帖的安排。

她漂泊一生，半世艰辛，何处为家？在老屋被夷为平地后，在两个弟弟相继离世后，她早已没了家。事实上，2008年，丈夫赵钟荪故去，她所谓的"家"，也不复存在了。

迟暮之年，能受友人和南开大学如此关怀与厚爱，于她而言是最好的安排。为此，她亦感激不已；故而，她如是言表："我自思我所能答报大家的只有继续为传承中华文化而努力。昔杜甫曾有诗句云：'盖棺事则已，此志常觊豁。'我愿为传承诗词中之文化生命而努力的愿望，盖亦有类乎是。"

其实，即便无这些厚爱和关怀，她亦从未在诗词传承付出中倦怠过一丝一毫。她这为诗词而生的人，一生皆致力于诗词之传承。

如此叶嘉莹，本就应获得这些关怀和厚爱的！

2

2015年10月17日，经过两年的筹备和建造，为她修建的"迦陵学舍"正式启用。迦陵学舍，乃以她之号为名。

迦陵学舍建筑面积约五百五十平方米，是一座二层灰墙灰瓦的中式院落，东邻南开现存最古的老建筑思源堂，西邻国际数学大师陈省身先生的故居宁园。

考虑到她年事已高，校方在建筑内设计并安装了一部电梯；内部则是由她的崇拜者——"横山书院"的学员们集资完成；院内还栽种上北京恭王府管理中心赠送和移植来的两株"西府海棠"。

为了庆祝迦陵学舍的建成，及表达对她的敬佩，她的学生、不列颠哥伦比亚大学亚洲学系教授施吉瑞，专程来到迦陵学舍，亲自赠送一株紫玉兰，以表达加拿大学生们的感恩与思念之情。

而后，又有某学会赠送来两盆古莲花根茎，培植于迦陵学舍的莲池之中。迦陵学舍，自有了一番诗情雅意。

这样的迦陵学舍，是舒适的、宜居的。或许，不能与察院胡同23号同日而语，但于她心是最佳的栖息地。自此，漂泊海外半生的她，正式有了居所。

她是继陈省身先生后，入住南开大学为学术大家修建的"学舍"

的第二人。

她居住的迦陵学舍，成为众多诗词爱好者的精神朝圣之地。于她，何尝不是？这亦是她的"自我朝圣"之地。每一日，都是朝圣之日。

故而，她坐在迦陵学舍的书房里，每日在思索的是："夫禅宗有传灯之喻，教学有传薪之说。而我虽老去，而来者无穷，人生之意义与价值岂不正在于是？"

因此，她决定要像千年莲子一般，焕发生机。她要让中国古典诗词的火种于华夏大地上燎原。诚如她所言过的"莲实有心应不死"，她始终深信个人是短暂的，文化则是长久的。

她的晚年之生命，全部系于古典诗词的承前继起和孕育新生上。

于有生岁月里，她始终牢记的是"书生报国"之愿望。故而，我们看到了定居在迦陵学舍九十多岁的她，还在讲诗词，仍抱着一个"千春犹待发华滋"的"痴梦"。

正如她所言："我之所以九十多岁还在讲诗词，是因为我觉得既然认识了中国传统的文化，这么多美好有意义、有价值的东西，就应该让下一代的人能够领会、接受。""如果我不能够传输给下一代，是我对不起年轻人，对不起古人，也对不起我的老师。"

诗教之莲心

1

叶嘉莹九十岁生日时，国务院前总理温家宝手抄一阕她创作的《浣溪沙》词送给她：

> 又到长空过雁时，云天字字写相思。荷花凋尽我来迟。
> 莲实有心应不死，人生易老梦偏痴。千春犹待发华滋。

这阕词，她作于1999年秋。彼时，她七十五岁，若将人比莲，此时的她如步入秋的莲即将零落。

故而，她有了担忧，毕竟那时她已是七十七岁的老人莲。但她曾读到的一则考古发掘报告，让她释怀。

报告中说，有人从汉墓里发掘出来两颗汉代莲子，在精心培育下，莲子竟奇迹般地长出了叶子，开出了荷花。

叶嘉莹备受鼓舞。从此，"莲实有心应不死"成为她之信念。从此，她深信古典诗词文化亦终能"珠圆月满"。

从此，迟暮来临她不再害怕，她要做的就是抓紧一切时间，把失传的吟诵留给世界,把古典诗词的种子留下。只要诗词的"莲子"在,诗词就会永在!

因而,定居南开后,她依然在做的是诗歌的传承之事宜,甚至比以前更忙碌。尽管身体已每况愈下,但她仍加大了在祖国各地讲座讲学的频率。

她说:"我的梦就是要把中国的诗词传下去。"她说:"如果到了那么一天,我愿意我的生命结束在讲台上……"她说:"我一生七十年来从事教学,这是我愿意终生投入的一个工作。如果人有来生,我就还做一个教师,仍然要教古典诗词。"

时不我待,越迟暮,她越不停歇自己的脚步。

曾有太多关心她的人,劝她"年纪大了,该多写点书,少教些课"。

其间道理,她怎会不懂。然而,将诗词如莲子传承下去是她的梦。诚如她所说:"我平生志意,就是要把美好的诗词传给下一代人。"

她讲课依然还坚持站着。即便主办方给她准备了柔软厚实的靠背椅,她也不坐。站着,把椅子晾在身后。

她说过:"我到现在九十多岁,我的腰腿有毛病,但是我一定是站着讲课的。这也是对于诗词的一种尊重。"

只要讲起古典诗词,白发微卷了又如何,她必焕发独特青春。这便是诗词的力量吧!

她讲课,依然似过往激情满满。每次讲杜甫《秋兴八首》,念到"夔府孤城落日斜,每依北斗望京华"二句时,依然会泪水涌动。她的学生钟锦说得言之凿凿:"她不是把'诗词'作为一个客观的学术对象,她是把这个学术、诗词本身和她自己的生命融为一体了。"

诗词早已融入她之生命、纵情吟诵之中,她自可获得诗词带来之力量。一如她所说:"稼轩六十余岁仍想报国,我九十多岁还在教书,心情也是相近的。"

能够用自己的语言教课,用从老师顾随那里学到的"跑野马"之形式教课,于她始终是最幸福的事。她说过:"不管是在台湾,还是在大陆教书,我可以随便讲,讲到哪里就是哪里。"

幸福溢于言表!

2

不止一个人对她说过:"温哥华气候那么好,你工作亦好,跑回中国来干什么?"她则不止一次地回答:"可是在国外工作,不足以完成一个中国古典诗歌教师的使命。"

确实如此。曾经在温哥华,为生活所累,不得不用"最笨的英语"去讲诗词时,难得她"跟在地上爬行一样"。她深知这苦,故而,她一直有个信念就是回到中国,去教中国的学生。毕竟,中国文化的根基、传统皆在中国。

她说:"人生的意义和价值不是享受安逸的生活,我要把我对于诗歌中之生命的体会,告诉下一代的年轻人。"

她曾亲自体会到古典诗歌里边美好、高洁的世界。然而,现在的年轻人,找不到一扇进去的门。因此,她希望能于余生里,把这一扇门打开,将大家接引进去。

诚如她所说，这是她一辈子不辞劳苦所要做的事情。

孔子晚年曾总结："吾十有五而志于学，三十而立，四十而不惑，五十而知天命，六十而耳顺，七十而从心所欲，不逾矩。"

当有些访问者据孔子此语而提出八十以后会怎样时，她如是回道："孔子虽然没有说过八十以后如何，但我自幼诵读《论语》，深感其中有一句话似乎可以终身行之者，那就是：'不怨天，不尤人，下学而上达，知我者其天乎。'"

在诗教之路上，她超越了"小我"生命的狭隘与无常。"以无生之觉悟，为有生之事业；以悲观之体认，过乐观之生活"，教书育人，广种诗词之花，让中华文化生生不息。

除了给大学生、成人讲课，近年来，她还把讲课的时间更多地给了孩子。早在20世纪80年代，小女儿就曾跟她说："对中国古典文学人才的培养，等到了大学和研究所时才开始注意，已经太晚了；如果想真正培养出对中国的古典文学和古典文化有兴趣和有修养的下一代，实在应该从一个人的幼年时代开始才好。"

她采纳女儿之建议，将儿童古诗词教育提到日程之中。

不久，她就与友人合作了一册儿童学古诗的读本《与古诗交朋友》，又在台湾做了一套儿童学古诗的视频节目，还应邀在很多地方做教儿童古诗的示范教学。

2016年，她不顾年事之高，每天工作至深夜两点，精挑细选出两百余首适合儿童阅读的古诗词，推出了《给孩子的古诗词》一书。

2017年，她还与时俱进，于豆瓣时间开了"以乐语教国子——叶嘉莹古诗词吟诵课"。

自2014年起，她停止收研究生。但她家中的小客厅里，依然有学生在上课。她每周给没毕业的学生上一次课，并逐字逐句地帮学生批改论文。

近年来，她年事确实太高，身体亦多出状况，虽讲课少了，但一直没停下古诗词的推广普及。2018年6月，她向南开大学教育基金会捐赠1857万元，用于设立"迦陵基金"。

2019年5月，她再次向南开大学捐赠1711万元。这亦是她个人的全部财产。接受央视《面对面》栏目专访时，她说："捐赠个人全部财产，只为中国传统文化研究。"

这一年，以她别号命名的"迦陵杯·诗教中国"诗词讲解大赛亦开始举办。大赛启动之际，在病中的她，仍坚持和决赛选手们在南开大学见面，讲到动情处还与大家齐声吟诵。

此后，这个面向各级学校在职教师、以古典诗词讲解教学为主要内容的国家级赛事，将一年年地举办下去。

2020年9月10日的时候，鲐背之年的她，仍例行给南开大学新生讲了开学第一课。彼时，她一袭白衣，巧饰粉红丝巾，虽满头银丝如雪，但精神矍铄，声音洪亮。

孔子说："学而不厌，诲人不倦，何有于我哉？"回看她之人生路途，二十余年成长历程，七十余年教学岁月，皆在诗教之中。

叶嘉莹这一生，就是诗教的一生！

诗心如水

1

2020年10月16日,叶嘉莹唯一授权的文学纪录片《掬水月在手》正式上映。该片由陈传兴导演执导,是其所执导纪录片"诗词三部曲"之最终章(前两部分别为《他们在岛屿写作:如雾起时——郑愁予》《他们在岛屿写作:化城再来人——周梦蝶》)。

陈传兴长期耕耘于美学、哲学、影像等领域,且均有建树,曾获得过法国政府颁发的"艺术与文学勋位——军官勋章"。他执导的"诗词三部曲"之前两章,一经上映,即引起极大之震动。

这一次亦然。尽管这部罕见的叶嘉莹个人传记文学纪录片是非常小众的,但是,一上映即引起轰动。

有人说,这是她留给这个世界最宝贵的财富。有人则一再向人谈及感想:"在那一刻,流动的光影营造出一种极其抽象、含蓄和隽永的氛围。那是语言无法形容的、极致的美。那是诗。一切都浪漫得恰到好处。你一定要去大银幕上见证这一刻。"

这部纪录片，如一幅画，一首诗，一阕词，于幽静且有力量中看到一个更优雅、更诗意的叶嘉莹。评论家们如是说："也只有陈传兴能胜任此纪录片，也只有他能够赋予本片足够的深度和厚度。"

　　陈传兴导演的文化、历史底蕴，及他对于古典文化、诗词的理解，能让他挖掘到叶嘉莹的内里。

　　这是最真实的她。不需要粉饰，亦不需要煽情，只是一个本真的她。坎坷有之，悲悯亦有之；多难有之，睿智亦有之；孤寂有之，荣光亦有之……她的过往，她的诗词，她的成就，以及她行经的百年时光，皆如同水中之月，在流动的光影之中，一圈圈晕染开来。

　　盛大，如荷莲！

　　确实，只有诗意美学的陈传兴，可运用大量富有中国元素的石刻、壁画、山水以及大量的空镜头，伴随她之讲述，巧妙地将她之一生和她成长的四合院相对应，把她之生命历程拆分为六个章节，且以旧宅之建筑空间为章节名，即，从门外、脉房，到内院、庭院，再到厢房，最后抵达"空"（其间寓意，即她之人生境界回归至最纯粹），来缓缓呈现。

　　如是，观者得以在月色、花香中与她共处一诗境。她在镜中，亦在镜外。

　　观者，亦是如此。

　　出自唐代诗人于良史《春山夜月》颔联"掬水月在手"的片名，恰如其分。

　　"影片的最后，大银幕里那一片白雪皑皑，像极了她的一生，孤冷清离，却又不失生命的顽强。"此乃是年最好的影评语。

是年，这部不可多得的高分纪录片，成为当年最热门的国产纪录片之一。许许多多的人，在看完这部影片后，皆有"就像一颗水滴在观沧海，一粒纤尘在看宇宙"之感，且感叹她人生之厚重，文化之博大！

2

"桃李满天下，传承一家，你发掘诗词的秘密，人们感叹于你的传奇，转蓬万里，情牵华夏，续易安灯火，得唐宋薪传，继静安绝学，贯中西文脉，你是诗词的女儿，你是风雅的先生。"

这是她在"感动中国 2020 年度人物颁奖盛典"获奖时的颁奖词。

寥寥数字，概括了她的一生。这一年，是 2021 年 2 月 17 日。这一年，她九十七岁了。

获奖感言，她如是说："我这一辈子都在教书，除了成为一名教师外，我一无所长，接下来我能做的就是将中国古典诗、词、曲等文学创作传承下去，也许不久的将来我们就要开始做这种录音了。我希望最后我能够完成这个，把我们民族美好的文化能够传承下去。"

是年，为了让诗词走入更多孩子和年轻人的生命，她不辞辛苦，录制了最容易让当下人接受的音频课程——"叶嘉莹·给国人的诗词课"。

2022 年了，她已九十八岁高龄，在做的依然是诗词的传承工作。她整理着自己昔日讲课的素材资料，或影印，或出版成册，只为留待给后人所用。

诚如她自己所言："每一代有每一代的责任，我们要承前启后，各自负起自己的责任来,不能让优秀的文化遗产损毁、丢失。"

"我没有把我的时间跟生命白白浪费掉,行乎其所当行,止乎其所不得不止。莲花是凋零了,但有一粒莲子留下来,我希望把中国文化传统美好的种子留下来。"

于她,诗词皆是水月,她在尘世,掬于手,而后将其播撒传承下去。

这一生,她爱诗词、讲诗词、传播诗词之美,她一生时间里只做了这一件事。或许,只有她所写的那阕《踏莎行》,可将她如是一生诠释:

一世多艰,寸心如水。也曾局囿深杯里。炎天流火劫烧余,藐姑初识真仙子。

谷内青松,苍然若此,历尽冰霜偏未死。一朝鲲化欲鹏飞,天风吹动狂波起。

尾篇 诗词·慰平生

2023年8月,她在一段视频中如是说:

"我从三四岁开始背诗,55岁到南开,到现在已将近100岁,我一生一世都是以讲诗歌为我的工作。古书有云:'小子,何莫学夫诗?诗,可以兴,可以观,可以群,可以怨。'就是说,如果你学了诗,内心之中就对于人类、世界、万物有一种关怀,看到草木的生发就欣喜,看到草木的零落就悲哀,是诗的感发使人与人之间有了沟通和交流,也使人对于万物有了兴发感动的关怀。诗可以使人心不死。"

诚然,诗词于她饱经忧患的一生而言,是解痛良药。

诗词,改变不了她一生遭遇,却可以抚慰创痛。在乱世年少丧母时,在颠沛流离、独自承担全家生计时,在怀抱幼小女儿寄人篱下时,在中年不幸丧女时,在无数无以为继的日子里,诗词成了疗愈她孤独、痛苦时刻的力量。

诗词,亦因此成了她心口的锦言绣语。

在2023年10月15日的中华诗教国际学术研讨会上,百岁高龄、满头银发、坐着轮椅、一身粉衣的她,亲临研讨会开幕式。

彼时,她依旧语调顿挫,手势豪迈。

她,分享了自己新写的诗:

> 中华诗教播瀛寰,李杜高峰许再攀。
> 喜见旧邦新气象,要挥彩笔写江山。

她，深情地阐述了自己的诗词人生：

"我是一生一世都以教书为工作、为事业的人。所以，我的心目之中，只是要把古人诗词里面那些美好的理想、感情传给下面的年轻人。"

她，亦进一步阐释了自己的诗教情怀：

"中华诗教要流播、要传达给下一代，做出像李白、杜甫他们那样伟大的成就。我们年轻人，要共同地向着这样的高山去攀登。"

…………

诗教人生，应是她对自己百岁人生最好的注解。

诗词，乃是她坚守一生的事业；诗词，亦是她心心念念的愿望。她曾将自己比作吐丝的蚕，那些饱含底蕴的诗词从口中吐出全然成丝织就的锦，一如她说过的："'莲实有心应不死'，我的莲花总会凋落，我要把莲子留下来。我'要见天孙织锦成'，这样一生就没有遗憾了。"

只是，这一年，她再鲜少出现在公众视野。

从年末的"封面新闻"的一则报道中可以探知，她的身体已大不如前，多数时间是在医院疗养。

转而，来到了2024年。

这一年，关于她的消息更少。从为数不多的新闻中可以获晓的是：

她，于4月23日世界读书日之际，给在杭州为她录制祝寿节目的每位嘉宾赠送了自己亲笔签名的《为有荷花唤我来——叶嘉莹在南开》一书。

她，于7月6日，以视频连线的形式出现在了直播画面中。这一日，恰逢小暑，亦是她农历百岁寿诞。这一日，直播间大咖云集，堪称盛况，有表演艺术家濮存昕、主持人白岩松、中国科学院院士王玉明、"讲诗人"意公子、"读书人"赵健等，大家以直播的方式"诗话人生"，为她祝寿。这一日，她依旧话诗心："古典诗词里有很多美好的意思，给了我很多鼓励。我平生喜欢古典诗词，诗词与我天生性情相近……我要说，我像一个蚕，'不向人间怨不平，相期浴火凤凰生。柔蚕老去应无憾，要见天孙织锦成'。祝大家学习诗词快乐……"

只是，坐在靠背椅子上的她，着一袭青色衣衫银发满头的她，面容有了些憔悴，说话时也见缓慢了。

直播之后，外界对她的健康有了更多的担忧。

这之后，我们再无法获悉她本人的动向。

10月11日重阳佳节，中华诗教当代传承座谈会暨"迦陵书系"发布会在京召开。中华书局将她历年在书局出版的十余部作品，重加校订后汇入"迦陵书系"。

11月20日，在2024中华经典诗词论坛上，她的助手张静分享了自己的新书《诗词大先生——叶嘉莹的诗教人生》。

11月21日、22日晚，央视九套播出她的纪录片电影《掬水月在手》。

虽不见她本人，但她的诗词人生依然以不同的方式在上演。这，于爱她的人们而言是一种安慰，亦是一种幸福。

只是，悲伤仍会降临这人间。

这人间，生老病死从来都是常态。

11月24日15时23分，百岁的她飘然离去。

这一日晚间，南开大学发布讣告如是：

"南开大学讲席教授、中华诗教与古典文化研究所所长、中央文史研究馆资深馆员、加拿大皇家学会院士、国际著名教育家、诗人、中国古典文学研究泰斗叶嘉莹先生，因病医治无效，于 2024 年 11 月 24 日 15 时 23 分在天津逝世，享年 100 岁。"

这一日，她去世的消息震动了文人圈，刷屏了朋友圈。

得知噩耗后，中国工程院院士、天津中医药大学名誉校长张伯礼不胜悲恸，撰写如是诗文以寄哀思：

  诗词宗师百岁人，
  历尽坎坷铸诗魂。
  畅论唐宋诸家诗，
  吟唱千年汉赋音。
  唯叹弱躯多羸疾，
  撑起诗坛传承新。
  胡杨不朽三千年，
  迦陵学派有后人。

在与她有交集的岁月里，她的坚强、她的品格、她的理想、她的对事业的投入……皆让张伯礼先生肃然起敬。

"她多次战胜了常人无法忍受的病痛，所以在给她治病的时候，我也受到很大的教育，肃然起敬，她这种坚强的人生信念值得我学习。先生虽仙逝，但她的风范犹存，她的诗教传颂永存！"

这是张伯礼先生的有感而言。他所说的这些，又何尝不是我们所要表达的。

纵观她这一生：

有太多时刻，她的身边仅有诗。她用诗，度自己于无边无际的苦难中；她于诗中，看到浩瀚的辽阔深远的世界。故而，她把诗融为骨血，成了摆渡人，要把外面更多的人接进来。

她，誓要把诗中的吉光片羽传递下去，即便"生命已在旦夕之间"，她仍要努力做到"盖棺事则已"的那一刻。

故而，为诗词而生的她，为自己的工作排了个顺序：首先是教学，其次是研究，最后才是作诗。

故而，她如是说："我愿意我的生命结束在讲台上……"

故而，她亦如是说："如果有来生，我还继续从事古典诗歌的教学工作。"

…………

确然如此。

命运几度沉浮，为诗词而生的她始终保有诗心、吟咏自得。

于她而言，是以诗词慰平生，足矣。

是以，心愿已尽，唯愿薪尽火传——"涓流虽寡，浸成江河；爝火虽微，卒能燎野。"

叶嘉莹生平大事年谱

1924 年 出生 7月2日（农历六月初一）出生于北京（旧称燕京、北平）察院胡同二十三号，家世为蒙古裔满族，先祖乃蒙古满族叶赫那拉氏。父叶廷元毕业于北京大学英文系，先后任职于航空署、中国航空等公司。母李玉洁曾任教于一所女子职业学校，婚后辞去教职。

1927 年 3 岁 开始接受传统教育，父母教识字、背诵古诗，及授以四声之辨识。

1930 年 6 岁 姨母李玉润（字树滋）成启蒙老师，开蒙读物是《论语》（朱熹集注本）；曾临摹小楷字帖白居易《长恨歌》，深受常吟诵诗歌的伯父、父亲的熏陶，对诗歌产生浓厚兴趣而常读《唐诗三百首》。

1934 年 10 岁 考入私立笃志小学，插班五年级，开始学习英文课程。彼时，亦开始用文言文写信给在上海工作的父亲。

1935 年 11 岁 以同等学力考入北京市立女二中。在伯父的鼓励下开启绝句小诗的创作，第一首七言绝句《咏月》诞生。母亲奖励一套《词学小丛书》，尤喜里面的《人间词话》，初次接触"词以境界为最上"的王国维，从而对词产生浓厚兴趣，并无师自通独立填词。

1937年 13岁 初二,亲历"卢沟桥事变"。北平沦陷后,父亲随任职公司退到大后方,从此失去音讯。

1939年 15岁 高中,彼时已能诗能赋,创作有《咏莲》等诗作。老师批语称赞如是:"诗有天才,故皆神韵。"成绩亦好,文理科均衡发展。

1941年 17岁 考入教会学校辅仁大学,专攻古典文学专业。是年9月下旬,母亲天津就医,因手术失败而不幸去世。遭遇平生第一次痛失至爱之打击,在丧母悲痛中写下《哭母诗八首》等大量诗词。

1942年 18岁 大二,顾随(羡季)先生来教唐宋诗课程。先生授课"一片神行",直指人心,令她眼界大开,从此与中国古代文学结下了终身缘。受业顾随先生后,羽翼渐丰,诗词创作亦多且勤,还作令曲、套数及单折剧曲如是等等。是年,所作诗词经先生推介发表于北平报刊,并取笔名"迦陵"。

1943年 19岁 春,作《聆羡季师讲唐宋诗有感》:"寂寞如来渡世心,几回低首费沉吟。纵教百转莲花舌,空里游丝只自寻。"

1944年 20岁 夏,作《题羡季师手写诗稿册子》。秋,作一组七律《晚秋杂诗》(共五首)加一首不久前创作的《摇落》抄写给顾随先生,顾随先生遂和诗《晚秋杂诗六首用叶子嘉莹韵》。冬,一个抗战胜利前夕的傍晚,听着街上日本人的醉酒滥歌,作《冬日杂诗(其三)》写下对光明与胜利的持守和向往。

1945年 21岁 大学毕业,时值抗战胜利。开启中学教师生活,曾先后在北平志成中学（现北京市第三十五中学）等三所中学任教。虽毕业，但仍追随顾随先生旁听。是年，对她欣赏有加的顾随先生于信中赞她已深得真传。

1948 年 24 岁 春，离开故乡北平，南下与赵钟荪结婚。是年 11 月，随丈夫迁居台湾，于左营海军宿舍安顿下来。

1949 年 25 岁 初春，于台北拜访台静农、郑骞先生。夏，长女出生。12 月，丈夫不幸被卷入"匪谍"案入狱，再一次遭遇命运的重大打击。是年，父亲随任职的中国航空公司撤退到了台南。

1950 年 26 岁 夏，所任教彰化女中六位老师因"白色恐怖"被捕。带着吃奶的女儿不幸也被牵连其中被捕入狱。所幸其后查无实据获释，却因此失去教职与宿舍，只好携嗷嗷待哺的幼女寄人篱下。是年 9 月，新学期开学时，才经由堂兄介绍谋得台南一所私立女中的教职。彼时，作《转蓬》一诗来寄寓当时的生活与心境。

1953 年 29 岁 入狱三年的丈夫获释。小女儿出生。久被囚禁的丈夫赵钟荪性情大变，动辄暴怒。最痛苦时，想过用煤气结束生命。受聘台北第二女子中学，全家迁至台北。

1954 年 30 岁 经由许世瑛、戴君仁两位先生推介，获聘台湾大学中文系兼任教职，次年聘为专任教授，同时兼教中学（于台湾大学共任教十五年）。此后，在台湾地区享有极高盛誉，陈映真、白先勇、吴宏一、陈若曦、林玫仪等都曾听过她的课，做过她的旁听学生。

1957 年 33 岁 春夏之间，经郑骞先生推介，应台湾教育部

233

门之邀作诗词欣赏系列讲座,讲五代和北宋词。后,于《教育与文化》上发表《说静安词〈浣溪沙〉一首》(乃第一篇词之评赏文章),亦受邀在《文学杂志》上发表文章。[先后发表有三篇文章,即《从李义山〈嫦娥〉诗谈起》(1957年,为第一篇诗之评赏文章)、《几首咏花的诗和一些有关诗歌的话》(1958年)和《由〈人间词话〉谈到诗歌的欣赏》(1959年)],由创作转至评赏。此转变之路,亦被认为得了顾随先生之神髓。

1958 年 34 岁 被台湾淡江文理学院聘为兼任教授,此后十一年先后开设多门课程。应《淡江学报》之邀写下《温庭筠词概说》。评词态度,渐由主观转入客观。伯父在北京去世。

1960 年 36 岁 开始撰写《杜甫〈秋兴八首〉集说》,研究文章开始从"为己"转为"为人"——为更多年轻人而写。顾随先生在天津去世。

1961 年 37 岁 被台湾辅仁大学聘为兼任教授,此后八年开设"诗选""词选"等课程。开始在电台播讲中文诗词。

1966 年 42 岁 应邀赴美国密歇根大学、哈佛大学任客座教授,成为当时为数不多用英语讲授中国古典文学的中国学者之一。教学与研究领域皆获得了更大发展空间,不仅与哈佛亚洲系主任海陶玮教授合作研究陶渊明与吴文英词,还出席了一些重要国际学术会议。彼时,两个女儿同往,分别就读大学和高中。是年,台湾中华丛书印行本《杜甫〈秋兴八首〉集说》(第一本学术专著)出版,是杜诗研究史上影响深远的鸿篇巨制。

1967 年 43 岁　于哈佛大学作《菩萨蛮》词。出席国际会议，开始步入北美学术界。是年冬，丈夫赵钟荪赴美，全家团聚。

1968 年 44 岁　在哈佛聘期结束，将两个女儿留美读书，自己按约返回台湾大学。是年，应台湾《纯文学》杂志之邀撰写《从〈人间词话〉看温、韦、冯、李四家词的风格》。

1969 年 45 岁　因家庭、生活故，再次申请赴美被拒签。无奈之下，在海陶玮教授的帮助下，辗转到了加拿大，并接受了加拿大温哥华不列颠哥伦比亚大学临时聘约。仅半年就被聘为不列颠哥伦比亚大学亚洲研究系终身教授，这在北美几乎是绝无仅有的。漂泊多年，终在温哥华稳定下来。是年，在哈佛大学《亚洲学报》第29期发表论述吴文英词的长篇英文论文。《迦陵存稿》，经由台湾商务印书馆出版，此乃她最早诗集，此书亦被列入王云五先生主编的《人人文库》。不久，将父亲接来同住。

1970 年 46 岁　开始研究王国维，暑假到哈佛燕京图书馆查阅资料，而后编写了《王国维及其文学批评》。是年，由台湾三民书局和纯文学出版社分别出版《迦陵谈诗》《迦陵谈词》。此两本关于诗词研究系统性阐发的著作，为传统诗词学研究开辟了一条新的道路。

1971 年 47 岁　父亲于温哥华逝世，作《父殁》一首。

1973 年 49 岁　申请回国探亲。长女言言结婚。

1974 年 50 岁　第一次归国探亲申请喜获批准，终于踏上了故土，喜悦之余作两千余字长诗《祖国行》，概括了自己二十余年的悲欢经历、生活。

1975 年 51 岁　小女言慧结婚。

1976 年 52 岁　3 月 24 日，结婚不足三年的长女言言与女婿永廷发生车祸不幸双双殒命。精神遭受又一次重击，痛极之下作哭女诗十首《一九七六年三月廿四日长女言言与婿永廷以车祸同时罹难，日日哭之陆续成诗十首》是以纪念。

1977 年 53 岁　春，与丈夫、小女儿一同再度回国探亲，旅行中作长诗《大庆油田行》、短诗《旅游开封纪事一首》《纪游绝句十一首》等。于旅行中，火车上见年轻人读《唐诗三百首》，参观长城时又购得一本《天安门诗抄》，而后有感中国诗歌的传统仍在，亦由此找到新的生活答案——历经那么多劫难，还可用诗歌来表达自己。如是，萌生回国教喜欢的诗词之意。是年，香港中华书局出版《中国古典诗歌评论集》。

1978 年 54 岁　暮春，首次向原国家教委写申请回国讲学信，并有感思乡写绝句两首。《王国维及其文学批评》撰写完成。

1979 年 55 岁　收到批准回国教书的回信。是年春，先到北京大学短期讲学，不久，应恩师顾随先生好友李霁野先生力邀到南开大学讲学。南开大学中文系安排的课程是"汉魏南北朝诗"。该课程受到南开大学师生乃至校外人士的热烈欢迎。彼时，盛况空前，来听课的人挤满了教室，连讲台边、教室门口、窗外都是人。后，又在晚间开设一门唐宋词课，同样颇受欢迎，每次学校熄灯号吹响，众人才恋恋不舍离去。自是年起，开启每年假期自费回国讲学的忙碌生涯。

1980年56岁 《王国维及其文学批评》于香港中华书局出版。《迦陵论词丛稿》首次在国内出版（上海古籍出版社）。

1981年57岁 4月，赴成都参加"杜甫研究学会第一届年会"，会上与神交已久的四川大学历史系教授缪钺先生结识，二人一见如故。是时，作《赋呈缪彦威前辈教授七律二首》，缪钺教授亦作《赠诗二首》。

1982年58岁 夏，应缪钺先生邀请，为四川大学历史系学生开设唐宋词讲座。开始与缪钺先生合撰《灵谿词说》，后历时五年完成。是年，将整整八册笔记交给顾随先生之女、河北大学中文系教授顾之京，并协助其整理成七万字的《驼庵诗话》。《中国古典诗歌评论集》《王国维及其文学批评》由广东人民出版社出版。

1983年59岁 台湾淡江大学施淑教授编印《迦陵诗词稿》，庆祝她花甲寿辰，并请缪钺先生题签书名，书前还印有顾随先生手迹。据传此书仅印数十册，传世稀少。

1984年60岁 《迦陵论诗丛稿》，由北京中华书局出版。先后于四川大学、美国哈佛大学、日本福冈九州大学、黑龙江大学等院校讲学。四十多万字的《顾随文集》编订完成。

1985年61岁 于南京大学、四川大学等院校访学。写《论周邦彦词》一文。《迦陵谈诗二集》，由台湾东大图书公司出版。

1987年63岁 春，应北京辅仁大学校友会、中华诗词学会、国家教委老干部协会、中国国际文化交流中心四个单位联合邀请，在国家教委大礼堂举行唐宋词系列讲座。后将北京、沈阳、大连三地演讲的录音整理成《唐宋词十七讲》的初稿。与缪钺合撰词评论文集《灵谿词说》，由上海古籍出版社出版。《唐宋词名家论集》，由台湾国文天地出版社出版。撰写完成《论词绝句五十首》，内容包括论词的起源，所论词人有温庭筠、韦庄、冯延巳、李煜、晏殊、欧阳修、柳永、晏几道、苏轼、秦观、周邦彦、陆游、辛弃疾、吴文英、王沂孙等。

1988 年 64 岁　　夏，赴赵朴初先生之约，于广济寺吃素斋，这一天恰逢她阴历生日。写长文《对传统词学与王国维词论在西方理论之观照中的反思》，对中国整体词学做了一次通观的梳理。《中国词学的现代观》《唐宋名家词赏析》，由台湾大安出版社出版。《唐宋词十七讲》，由湖南岳麓书社出版。据台湾旧版增订本《杜甫〈秋兴八首〉集说》，由上海古籍出版社出版。

1989 年 65 岁　　台湾新竹清华大学短期讲学。而后又到了台湾大学、淡江大学、辅仁大学进行讲学。5 月到哈佛大学与海陶玮开始编译《中国诗的研究》英文版，历时六年完成。9 月开学讲授三门课程，选课学生更多。

1990 年 66 岁　　正式从不列颠哥伦比亚大学退休。应邀赴台湾清华大学讲学，同时在台湾大学、辅仁大学、淡江大学兼课。应邀参加北美首次国际词学会议。

1991 年 67 岁　　当选为加拿大皇家学会院士，是加拿大皇家学会有史以来唯一的中国古典文学院士。南开大学邀请她一起组建研究所，名为中国文学比较研究所（现中华古典文化研究所）。秋冬之际，与杨振宁先生会面，二人相谈甚欢。《诗馨篇》，由北京中国青年出版社出版。

1992年 68岁 为杨振宁先生七十华诞作《杨振宁教授七十华诞口占绝句四章为祝》四首绝句相送。冬，在温哥华作《贺缪彦威先生九旬初度》。是年，撰写长文《谈古典诗歌中兴发感动之特质与吟诵之传统》，深入阐述了今天的人们为何仍要继承诗歌的吟诵传统："我认为中国古典诗歌之生命，原是伴随着吟诵之传统而成长起来的。古典诗歌中的兴发感动之特质，也是与吟诵之传统密切结合在一起的。而且重视吟诵这种古老的传统，并非如一般人观念中所认为的保守和落伍，而且即使就今日西方最新的文学理论来看，也仍是有其重要性的。"出版著作《词学古今谈》（台湾万卷楼图书公司）、《唐宋词十七讲》（台湾桂冠图书公司）、《王国维及其文学批评》增订本再版（台湾桂冠图书公司）、《中国词学的现代观》增订本再版（湖南岳麓书社）。

1993年 69岁 南开大学"中国文学比较研究所"正式成立，受邀担任研究所所长一职。是年，与缪钺合著的《灵谿词说》（台湾正中书局）和《词学古今谈》——《灵谿词说》之续编（湖南岳麓书社）两本论词著作出版。

1994年 70岁 杜诗学著作《杜甫〈秋兴八首〉集说》由台湾桂冠出版社出版。

1995年 71岁 《灵谿词说》荣获教育部"全国高等学校首届人文社会科学研究成果优秀成果"一等奖。后，北京大学出版社将《灵谿词说》《词学古今谈》正续合刊出版《灵谿词说正续编》，成就一段文坛珠玉合璧之佳话。呼吁在幼儿园开设"古诗唱游"课，并促成赵朴初、张志公等九位先生联名签署《建立幼年古典学校的紧急呼吁》的政协提案。

1996年 72岁 为天津小朋友讲古诗。于海外募得蔡章阁先生所捐助资金，准备在南开大学建研究所办公楼。与田师善先生合作《与古诗交朋友》（天津人民出版社）。与陈邦炎合著《清词名家论集》（台湾"中央"研究院文哲所）。

1997年 73岁 捐出退休金的一半（共计十万美元），在南开大学设立"叶氏驼庵奖学金"（驼庵乃恩师顾随之别号，以此命名是为纪念他，意指薪火相传）和"永言学术基金"（取诗言志、歌永言之意，亦取大女儿言言、女婿永延之名字为纪念之意），希望能借此鼓励中华学子熟诵中国古典诗词，认识到文化传承之责任。开始在南开大学中文系招收硕士研究生。为石声汉先生遗作《荔尾词存》写长序一篇。《迦陵文集》（1—10卷），由河北教育出版社出版。《阮籍咏怀诗讲录》，由天津教育出版社出版。

1998年 74岁 致函国家领导人，呼吁重视儿童幼年古典文化教育，获批复。

1999年 75岁 国庆期间，受国务院邀请出席在人民大会堂举行的建国五十周年国庆宴会和国庆大典。《诗歌谱写的情谊——伴随改革开放同步的我与南开二十年》于南开学报第5期刊载。《叶嘉莹说词》，由上海古籍出版社出版。出席南开大学中华古典文化研究所大楼落成典礼（中国文学比较研究所正式更名为中华古典文化研究所）。

2000年 76岁　台湾桂冠图书公司出版一套二十四本《叶嘉莹作品集》，顾之京集录其父书法作全集题签。出席台北国际书展《叶嘉莹作品集》新书座谈会。参加台湾"中央"研究院文哲所举办的"世变与文学"国际会议。赴澳门参加首届国际词学会议任主讲人。9月，应邀参加全国第十四届中华诗词研讨会。10月，应天津广播电视大学之邀拍摄幼儿学唐诗系列《与古诗交朋友》。审定的繁体版《迦陵诗词稿》在台湾桂冠图书公司出版。河北教育出版社同步出版简体版《迦陵诗词稿》。开始在南开大学招收博士研究生。

2001年 77岁　《迦陵学诗笔记——顾羡季诗词讲记》，由台湾桂冠图书公司出版。作《金缕曲》，贺夏志清先生八旬寿辰。

2002年 78岁　开始在南开大学招收博士后。秋，与同为蒙古族的席慕蓉一起到叶赫水前寻根。11月，被香港岭南大学授予"荣誉文学博士"称号。是年，受邀在中央电视台《百家讲坛》录制诗词系列演讲。

2003年 79岁　9月，中央电视台科教频道播出专题片《诗魂》。10月，在国家图书馆、南京大学讲演。《诗词的美感》在台湾出版。

2004年 80岁　9月，在北京现代文学馆演讲。秋，南开大学文学院举办"庆祝叶嘉莹教授八十华诞暨国际词学研讨会"，研讨会前一天与杨振宁先生一起接受北京电视台采访，进行了一场极具历史意义的对谈。11月，中央电视台《百家讲坛》陆续播出叶嘉莹系列讲座。

2005年 81岁　9月初，应王蒙之邀赴青岛中国海洋大学演讲，并与王蒙专题对话。中华书局出版《迦陵论诗丛稿》。是年开始，

"叶氏驼庵奖学金"与"蔡章阁奖助学金"（2004年由香港蔡章阁基金会主席蔡宏豪先生于南开大学文学院设立）将合并颁发。

2006年 82岁 海陶玮先生去世。中央电视台《大家》栏目播出叶嘉莹专访。恩师顾随先生的《顾随诗词讲记》（顾随讲、叶嘉莹笔记、顾之京整理），由中国人民大学出版社出版。中国书店出版社、台湾三民书局分别出版了《王国维词新释辑评》《清词选讲》。是年，在南开公寓内与于丹展开了一场难得的对话。

2007年 83岁 作诗"柔蚕老去应无憾，要见天孙织锦成"，将一生从事诗教事业的自己比作桑蚕，虽年事已高，但仍希望将"诗教之丝"传于年轻人。获得在华永久居留资格。

2008年 84岁 1月，《叶嘉莹说初盛唐诗》由中华书局出版。11月，应邀参加"南开名家讲坛"。12月，荣膺中华诗词学会首届"中华诗词终身成就奖"，颁奖词中如是写道："叶嘉莹是誉满海内外的中国古典文学权威学者，是推动中华诗词在海内外传播的杰出代表。她是将西方文论引入古典文学从事比较研究的杰出学者，其诗论新意迭出，别开境界，在我国学术界产生了重大影响。"是年，丈夫赵钟荪去世。

2009年 85岁 2月，应洪建全教育文化基金会之邀，于台北敏隆讲堂演讲。10月，特地回天津庆贺南开大学九十周年校庆，校庆日讲座主题为"我与南开三十年"，首次在公开场合谈自己的人生过往。12月，应余纪忠文教基金会邀请，在台湾中坜做了一场《百炼钢中绕指柔——辛弃疾词的欣赏》的演讲。

2010年86岁 《叶嘉莹谈词》由南开大学出版社出版。应"亲近母语"之邀,参加儿童母语教育论坛暨亲近母语"十一五"课题结题会,希望能够把吟诵的教学推广出去。是年,由"亲近母语"策划的《我爱吟诵》(叶嘉莹、周有光为学术顾问)出版,并为这套书亲写序言。

2011年87岁 应邀在清华大学演讲,题目是《我心中的诗词家园》。以最高票数当选第四届南开大学研究生"良师益友"。先后在天津、温哥华、大连、北京等地讲学。

2012年88岁 被聘为中央文史研究馆馆员。9月,成为首届"诗词中国"传统诗词创作大赛的顾问之一。

2013年89岁 2月,南开大学汉语言文化学院2012年系列学术讲座之——"叶嘉莹先生论古典诗歌的美感与吟诵",在爱大会馆成功举办。3月,以《金缕曲》祝贺恭王府海棠雅集举办三周年。12月,荣获"中华之光——传播中华文化年度人物"。

2014年90岁 荣获"致敬国学——2014首届全球华人国学大典"国学传播奖。接受"活字文化"策划的"给孩子"系列丛书的邀请,为孩子精心遴选出218首古诗词,推出了《给孩子的古诗词》(中信出版社,2015)一书。荣获凤凰网、凤凰卫视与岳麓书院联合评选的"国学传播奖年度海外影响力大奖"。

2015年91岁 1月,由中华文化促进会、凤凰卫视共同评选为"2014中华文化人物"。4月,《人间词话七讲》获"2014中国好书"称号。8月,当选中华诗词学会名誉会长。迦陵学舍建成,正式定居南开园。10月,阿尔伯塔大学授予荣誉博士学位。

2016年92岁　3月，以传承、研究、普及中国古典诗词方面的卓越成就，荣获2015—2016年度"影响世界华人大奖"终身成就奖。8月，获2016词学国际学术研讨会颁发的"中华词学研究终身成就奖"。9月，在南开大学东方艺术大楼作古典诗词讲座。

2017年93岁　6月，新书《独陪明月看荷花》在南开大学首发。11月，文学纪录电影《掬水月在手》开始拍摄。《沧海波澄——我的诗词与人生》一书由中华书局出版。《古诗词课》由三联书店出版。

2018年94岁　当选"改革开放四十周年最具影响力外国专家"、全国妇联中国妇女发展基金会"最美善行者"，中国新闻社和中国侨网颁发的"全球华侨华人年度人物"，并获评2018年度中国中央电视台"最美教师"称号。6月，通过视频宣布将自己的全部财产捐赠给南开大学教育基金会，用于设立"迦陵基金"，累计捐赠1857万元。

2019年95岁　9月，南开大学以"叶嘉莹教授归国执教四十周年暨中华诗教国际学术研讨会"形式，为她庆贺95岁华诞。作为南开大学建校一百周年的庆祝活动之一，国内外数百名嘉宾、学者前往南开，中央电视台的白岩松先生主持了开幕式，规模盛大。出席以她别号"迦陵"命名的由教育部、国家语委主办，南开大学等承办的首届"迦陵杯·诗教中国"诗词讲解大赛。是年，再次向迦陵基金捐赠1711万元，累计捐赠3568万元。获评"中国政府友谊奖"。

2020年96岁　由陈传兴执导的文学纪录电影《掬水月在手》

上映，以影像的方式展现了她的诗词人生。

2021 年 97 岁　2月，在中央电视台综合频道播出的"感动中国"颁奖盛典上，荣获"感动中国 2020 年度人物"称号。《感动中国》组委会给予她的颁奖词如是："桃李天下，传承一家。你发掘诗歌的秘密，人们感发于你的传奇。转蓬万里，情牵华夏，续易安灯火，得唐宋薪传，继静安绝学，贯中西文脉。你是诗词的女儿，你是风雅的先生。"6月，在南开大学为《百年巨匠》题字。

2022 年 98 岁　应邀参与视频版"唐诗三百首"录制，以流行的短视频形式重新解读诗词经典。虎年春节前，通过视频的形式给全球友人送出新春祝福。

2023 年 99 岁　10月，在南开大学举办的中华诗教国际学术研讨会上亲临现场致辞。于致辞中如是强调："我是一生一世都以教书为工作、为事业的人。所以，我的心目之中，只是要把古人诗词里面那些美好的理想、感情传给下面的年轻人。" 12月，南开大学文学院联合浙江人文经济研究院在抖音平台启动"诗不远人话迦陵"活动，为本活动专门录制开篇视频，鼓励更多的人关注诗词，引起社会各界的广泛响应。

2024 年 100 岁　7月6日，在自己农历百岁生日当天宣布"学习强国"学习平台与南开大学主办的"迦陵杯·中华诗教大会"正式启动。11月24日去世，享年100岁。